Volker Bugdahl · Entscheidungsfindung

Dipl.-Chem. Dr. rer. nat. Volker Bugdahl

Methoden der Entscheidungsfindung

VOGEL Buchverlag Würzburg

Volker Bugdahl
geb. 1940 in Schwerin, verheiratet, 2 Kinder, arbeitet im Stab der Degussa AG in Frankfurt und ist Lehrbeauftragter an der Fachhochschule Darmstadt.
Nach Abitur und Wehrdienst studierte er Chemie in Merseburg und in Ungarn. Abschluß 1966 mit Diplom. Am Forschungsinstitut für die Plastindustrie in Budapest war er in der Mikromorphologie tätig. 1968 wurde er Assistent am Institut für Makromolekulare Chemie der Universität Freiburg und promovierte 1969.
In der Unilever-Forschung in Hamburg arbeitete er 1970 bis 1974 an Themen aus der Papierindustrie und Lebensmittelanalytik.
Bei Degussa AG begann er 1975 in der Polymerforschung und wurde Produktmanager für Lackrohstoffe. In der Leitstelle für technische Kooperation ist er mit technischer Marktinformation befaßt.

CIP-Titelaufnahme der Deutschen Bibliothek

Bugdahl, Volker:
Methoden der Entscheidungsfindung/
Volker Bugdahl. – 1. Aufl. –
Würzburg: Vogel, 1990
(Management-Wissen)
ISBN 3-8023-0416-0

ISBN 3-8023-0416-0
1. Auflage. 1990

Printed in Germany

Umschlaggrafik: Michael M. Kappenstein, Frankfurt
Herstellung: Alois Erdl KG, Trostberg

Vorwort

Dieses Buch soll eine leichte Lektüre sein, die trotzdem bildet und hilft. Es wendet sich an alle, die entscheiden wollen, können, dürfen oder müssen, sei es beruflich oder privat.

Für Mathematiker und Leute vom Operations Research ist der Text viel zu leicht. Er wurde nämlich absichtlich «entmathematisiert». Wir verlassen die mittlere Arbeitsebene nicht und gehen noch ins Detail. Alle Methoden sind praktisch erprobt. Die Beispiele entstammen meist aus dem eigenen Arbeitsbereich.

Warum dieser Griff in die üblicherweise mit Vorhängeschloß gesicherte Werkzeugkiste?

Dafür habe ich zwei persönliche Gründe:

- ☐ Ausbildungslöcher auffüllen,
- ☐ Entscheidungsschwächen bekämpfen.

Unsere höhere Ausbildung ist gut, aber sie könnte noch besser sein. Was nicht heißen muß: schwieriger. Handwerker werden bei ihrer Ausbildung mit Handwerkszeug und Fachwissen vertraut gemacht. Die Ausbildung anderer gilt gemeinhin als um so besser, je mehr Fachwissen und je weniger Handwerkszeug sie enthält. Das ist nicht gut, denn bereits zum Lernen braucht man Handwerkszeug. Wie man effektiv lernt, wird kaum gelehrt, auch nicht, wie man mit Fachwissen Probleme löst. Und erst recht nicht, wie man sich unter mehreren Lösungsmöglichkeiten für die beste entscheidet. Fachwissen ist notwendig, aber nicht hinreichend, um im Beruf erfolgreich Probleme zu lösen und möglichst richtige Entscheidungen zu fällen. Von Entscheidungen hängt viel ab, und nicht entscheiden ist keine Lösung.

Deshalb wollte jeder schon gerne richtig entscheiden, wenn er nur wüßte, wie und wofür. Dazu werden Arbeitstechniken als Denkhilfen gebraucht. Denkhilfen sind das Handwerkszeug des Kopfarbeiters. Denken aber ist Probehandeln zu verringerten Kosten.

Und nun, falls Sie das Vorwort überhaupt gelesen haben, ist eine ungestützte Entscheidung fällig: **Weiterlesen, ja oder nein?** Wie Sie auch entscheiden, Entscheiden erleichtert: «Wenn ein Schuß kracht, fliegen die Sperlinge auf. So geht es den Bedenken, wenn ein Entschluß gefaßt wird.» (E. R. HAUSCHKA).

Den Herren Professor Dr. Offermanns, Degussa AG, und Professor Dr. Kruse, Fachhochschule Darmstadt, danke ich für die Möglichkeit, an der Fachhochschule Darmstadt Vorlesungen über Methoden des Problemlösens und Entscheidens zu halten.

Herrn Dr. Reiff bin ich für die gute Zusammenarbeit in der Mitarbeiter-Weiterbildung und für kritische Anregungen verbunden.

Frau G. Pakosch danke ich für das umsichtige Schreiben des Manuskripts.

Hanau *Volker Bugdahl*

Inhaltsverzeichnis

Kapitel 1

EINLEITUNG

Wenn Vorgänge ein Ziel haben, dann ist dieses Ziel eine Verbesserung der vorhandenen Situation – Gewinn in irgendeiner Form. Das kann ein Energiegewinn sein, wie er bei vielen freiwillig ablaufenden chemischen Reaktionen zu beobachten ist. Es ist u. a. der Wunsch nach Wissensvermehrung, der die Studenten motiviert. Das Ziel kann auch Zeitgewinn, Lustgewinn, Glaubensgewinn oder bei echten Pessimisten Gewinn an weiterer Unzufriedenheit sein.

Gewinn ist eng mit Risiko verknüpft. Risiko kommt von *rescio*. Diese phönizische Vokabel bezeichnete einst die Anzahl von zusätzlichen Schiffen, die man einsetzte, um den Verlust durch Schiffbruch und Piraterie auszugleichen und eine bestimmte Menge von Importwaren sicher im Hafen anlanden zu können.

Risiko ist eine Art Verstärker für Verlust oder Gewinn. Wer viel gewinnen will, muß viel wagen, ein höheres Risiko erfolgreich besiegen. Ganz ohne Risiko gibt es keinen Gewinn. Vollkasko-Mentalität bei Führungskräften ist der Tod jedes Unternehmens. Solange wir also Gewinnstreben nicht in Frage stellen, ist die Übernahme von Risiko eine zentrale Pflicht. Nur sollte diese Pflicht nicht dumpf ertragen werden oder in Leichtsinn münden, sondern auf ein Minimum zurückgedrängt werden.

Der Kampf gegen das Risiko wird bestimmt durch Glück, aber glücklicherweise auch durch menschliche Qualitäten wie Fähigkeit, Bestimmtheit und Entscheidungsvermögen. Von Entscheidungen hängt viel ab. Deshalb wollte jeder richtig entscheiden, wenn er nur wüßte, wie und wofür. Wenn man erst weiß, was man will, ist das Entscheiden oft leicht. Hier setzen die Management-Techniken ein, wie z. B. die Technik der Entscheidungsfindung. Die Entscheidungstechniken sind Denkhilfen – nichts weiter. Denken ist Probehandeln mit verringerten Kosten. Ausgangspunkt ist die logische Analyse der vorhandenen Situation: Learning to use better what we already know – Besser zu nutzen, was wir bereits wissen. Der Erfolg hängt davon ab, wie genau die Einflußgrößen und ihre Wechselwirkungen bestimmt werden können.

Management-Techniken sind nur methodische Hilfsmittel, die uns beim Suchen und Auswählen unterstützen können. Suchen steht für kreatives Problemlösen, und kritisches Auswählen bedeutet Entscheiden. Diese beiden Tätigkeiten nutzen wir bewußt, um neue Ziele zu erreichen. Und so arbeitet unbewußt auch die Evolution – nämlich mit Mutation und Selektion.

Kapitel 2

ENTSCHEIDUNGSFINDUNG UND PROBLEMLÖSEN

Entscheiden ist nur *ein* Schritt in unserem fortlaufenden Bemühen um die Verbesserung der Gesamtsituation, z. B. durch Verbesserung von Verfahren, Produkten, Methoden oder durch Anpassung an ein verändertes Umfeld. Wir streben Neuerungen an und versuchen, sie durchzusetzen.

Dieser Prozeß verläuft im Kreis. Denn jede Neuerung stellt neue Fragen, weckt Bedürfnisse. Die so entstehenden Probleme müssen gelöst, die bewerteten Lösungen ausgewählt werden.

Das Entscheiden bestimmt, welche Problemlösung weiterverfolgt wird und zur Neuerung führt. Innovation entsteht also im Kreislauf (Bild 2.1) und spiralförmig immer wieder auf einer (hoffentlich) höheren Ebene (Bild 2.2).

Probleme lösen und Entscheidungen fällen sind keine identischen Tätigkeiten, obwohl hierfür oft die gleichen Techniken eingesetzt werden können. Das Problemlösen führt meist zu mehreren Lösungen. Unter den «gleich guten» muß man sich entscheiden (Bild 2.3).

Entscheidungsfindung ist in die Zukunft gerichtet. *Entscheiden heißt, unter der Bedingung beschränkter Ressourcen eine Wahl unter Alternativen zu treffen, die der Erreichung einer bestimmten Zielrichtung dienen können.*

Die Auswahl der Entscheidungsmethoden wird bestimmt durch:

- ☐ Zahl der Entscheidungspersonen,
- ☐ Zahl der Alternativen,
- ☐ Bestimmtheit der Alternativen,
- ☐ Wirtschaftlichkeitsprinzip und
- ☐ Abwägen zwischen mehr Sicherheit oder mehr Risiko.

Die Entscheidungsfindung ist ein Glied in einer Kette mit vielen Einflüssen (Bild 2.4). Die Einflüsse sind z. B. menschlicher Natur (Intuition, Ehrgeiz, Vorurteile, Vorlieben, Überzeugungskraft, Kompromißbereitschaft) oder sachlicher Art (physikalische Ausgangslage, ökonomische Daten, Erfahrung).

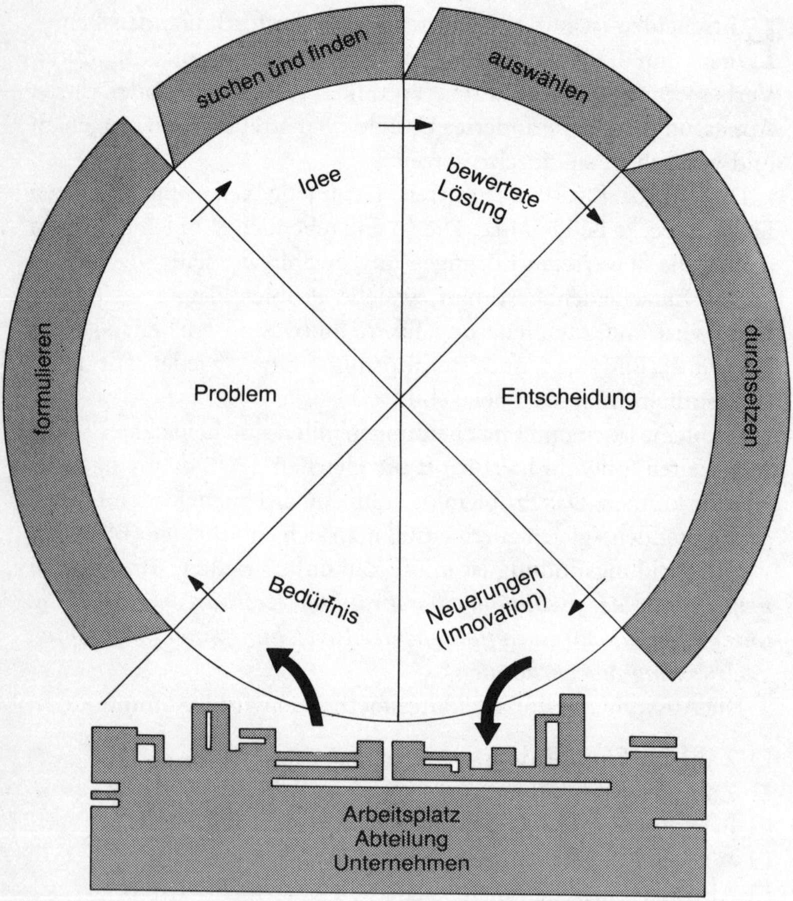

Bild 2.1 Kreislaufmodell der Innovation (nach [Q34])

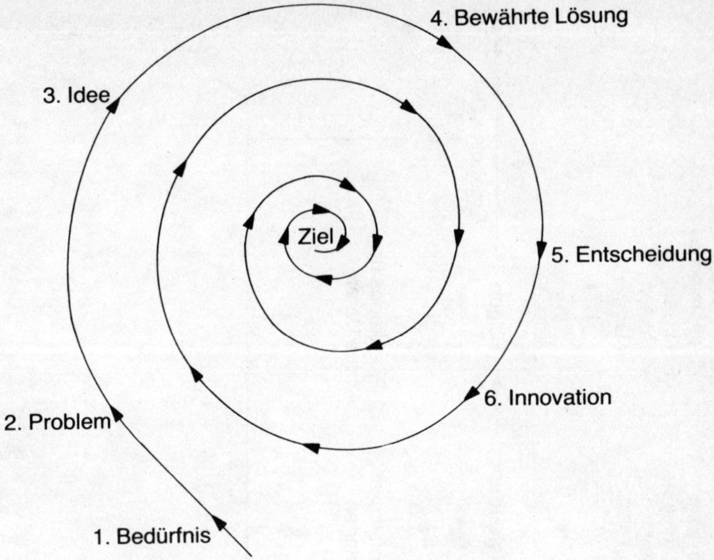

Bild 2.2 Innovationsspirale

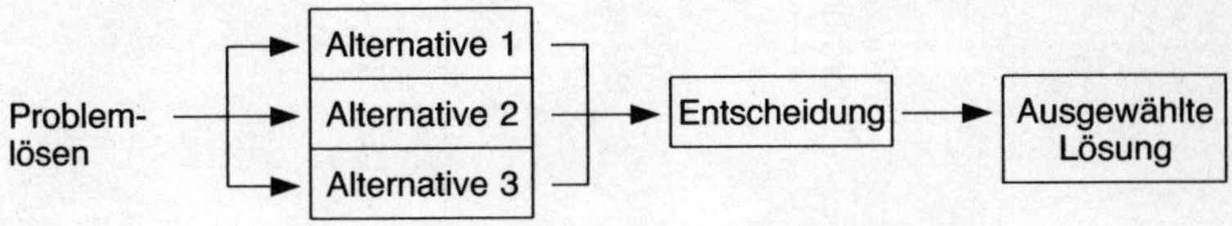

Bild 2.3 Entscheidung folgt *nach* Problemlösen

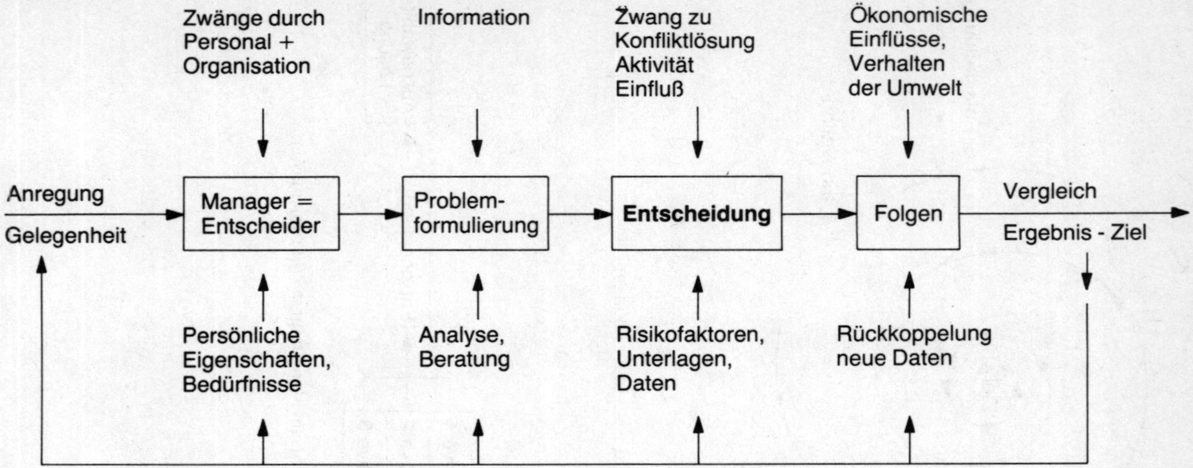

Bild 2.4 Das Umfeld der Entscheidungsfindung

Voraussetzungen für erfolgreiche Entscheidungen

Die Entscheider sollten einerseits volles Engagement und andererseits unbefangene Objektivität zeigen, was einen Widerspruch darstellt.

In der Praxis muß man oft schon zufrieden sein, wenn über eine Entscheidung Bereitschaft zur Verhaltensänderung – also zum Lernen – gegeben ist. Verwaltungen sind a priori veränderungsfeindlich. Ihr Immunsystem greift Ideen auf und frißt sie rückstandslos. Das gilt besonders dann, wenn die Mitarbeiter der Verwaltung nach Anwesenheit und Fehlerhäufigkeit beurteilt werden und nicht nach Risikofreudigkeit und entgangenem Gewinn. Die natürliche Folge ist Entscheidungsschwäche aus Furcht vor Verantwortung. Nicht entscheiden heißt aber, den Zufall entscheiden zu lassen, und der ist meist nicht kreativ, aber oft mißgünstig (Murphys law).

Auf Murphys Gesetz von der Böswilligkeit des Zufalls (etwa: Wenn etwas (Schlimmes) passieren kann, dann passiert es auch) beruht auch einer der zahlreichen Späße um das Perpetuum mobile: Da ein Butterbrot immer mit der Butterseite auf den Teppich fällt, müßten also Butterbrote, mit der Butterseite nach unten auf die Schaufeln eines Schaufelrades gelegt, ständig Arbeit leisten können.

Der Zufall mag uns vorläufig Entscheidungen abnehmen, aber die Folgen gehen wieder ganz zu unseren Lasten. Dabei werden agieren Könnende zu reagieren Müssenden.

Erfolgreiches Entscheiden erfordert

- ☐ Verantwortungsbewußtsein gegenüber den Folgen (Umweltschutz im großen, Nebenwirkungen im kleinen),
- ☐ Disziplin beim Ordnen der Entscheidungsgrundlagen,
- ☐ Ehrlichkeit gegenüber Tatsachen,
- ☐ Kühnheit im Denken (Nutzen von Motivation und Kreativität),
- ☐ Teamarbeit (Synergismus von Expertenwissen)

  und
- ☐ Beharrlichkeit über alle Implementierungsphasen hinweg (im Sinne des Zitats von Konrad Lorenz):

«Gesagt ist nicht gehört,
Gehört ist nicht verstanden,
Verstanden ist nicht einverstanden,
Einverstanden ist nicht durchgeführt,
Durchgeführt ist noch lange nicht beibehalten.»

Motivation

Motivation ist Anreiz zum Handeln, die unspezifische innere Begründung für eine folgende Aktion, nicht die Aktion selbst. Die Bedeutung der Motivation ist bekannt, wie viele Sprichwörter zeigen:

- «Ein voller Bauch studiert nicht gern».
- «Hunger ist der beste Koch».
- «Aller guten Dinge sind drei, aber wenn zwei guter Dinge sind, sind sie auch bald zu dritt.»

Auch das Betriebsverfassungsgesetz kümmert sich um günstige Arbeitsvoraussetzungen, indem es z. B. in § 2 «Vertrauensvolle Zusammenarbeit» verordnet und in § 75 Abs. 2 von Arbeitgebern und Betriebsrat fordert, «die freie Entfaltung der Persönlichkeit der Arbeitnehmer» zu schützen und zu fördern.

Warum ist Motivation so wichtig?
Eine pessimistisch klingende Situationsbeschreibung erklärt: «Wir arbeiten in Strukturen von gestern mit Methoden von heute an Problemen von morgen überwiegend mit Menschen, die die Strukturen von gestern gebaut haben und das Morgen in der Organisation nicht mehr erleben werden.»

Positiver und einfacher hat FONTANE die Bedeutung der Motivation formuliert: «Wer schaffen will, muß fröhlich sein.»

Wer engagiert ist, ermüdet weniger und schafft trotzdem quantitativ und qualitativ mehr. Der Erfolg des Motivierten bewirkt in Rückkoppelung eine Verstärkung der Motivation.

Man kann zwischen Primär- und Sekundärmotivation (Bild 2.5) unterscheiden. Sekundär motiviert sein heißt z. B., daß man für Geld Arbeit leistet. Dabei interessiert primär das Geld, das man

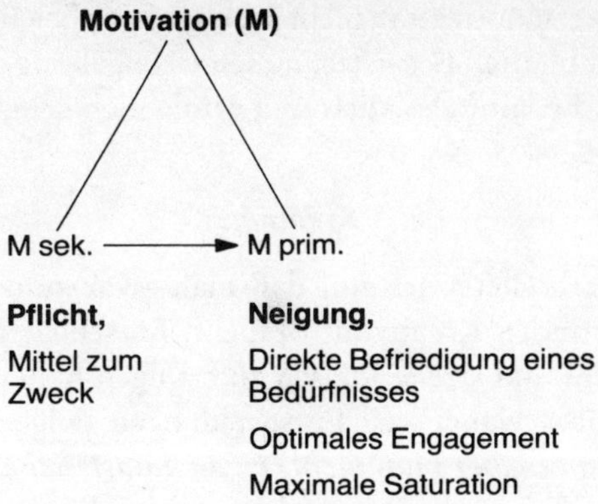

Bild 2.5 Motivation

zum Leben braucht, und sekundär die Arbeit als Mittel zum Zweck. In unseren Breiten sind fast alle Menschen mindestens sekundär motiviert. Die grundsätzlich positive Einstellung zur Leistung wird uns auch leichtgemacht, weil ein Arbeitsplatz Goldes wert ist und bloßer Dienst nach Vorschrift einen international beachtlichen Lebensstandard ermöglicht. In manchen Ostblockländern heißt es dagegen: «Der Staat tut so, als ob er uns bezahlt, und wir tun so, als ob wir arbeiteten».

Sekundärmotivation ist gut, Primärmotivation ist das Beste vom Besten. Wer primär motiviert ist, agiert im eigenen Auftrag, vollbringt Höchstleistungen in Befriedigung eigener Bedürfnisse und erlebt dabei maximale Saturation. Primär motiviert sind z. B. Verliebte und Menschen, die ihrem Hobby nachgehen.

Ein Jogger wird leicht der Versuchung widerstehen, sich von einem Nachbarn ein Wegstück im Auto mitnehmen zu lassen, bzw. ein solches Angebot gar nicht verlockend, sondern empörend finden. Der gleiche Mensch wäre übrigens wahrscheinlich beleidigt, wenn ihn der gleiche Nachbar an der Bushaltestelle warten sieht und ihn nicht mitnimmt.

Eine Fremdsprache lernt sich wesentlich leichter, wenn man das Lernen nicht als lästig empfindet, sondern als ein Bewunderer jede Berührung mit dieser Sprache und ihrem Umfeld sucht.

Wer die Eigenmotivation nicht als «workaholic» übertreibt, aber in seiner glaubhaften Begeisterung seine Umgebung ansteckt, ist zu bewundern. Er *muß* glücklich und erfolgreich sein.

Kreativität

Es ist ein verbreiteter Irrtum, daß man zwar zum Problemlösen durch Ideenfinden Kreativität braucht, Entscheiden dagegen *nur* sachlich, kühl und streng logisch zu erfolgen habe. Das ist schon deswegen nicht wahr, weil Entscheidungen Folgen haben – *nur Nichtstun kann (aber muß nicht) einen katastrophalen Mangel an Folgen bewirken* –, die man sich ausmalen können sollte. Sonst würde man nicht verantwortungsbewußt entscheiden.

Allzu kritisches Denken führt zu Innovationsscheu oder -feindlichkeit und bewirkt risikominimierte Routineentscheidungen. Routine aber ist Tradition minus Geist.

Es ist einfach dumm (schlecht für die anderen und sich selbst), auf schöpferisches Denken zu verzichten, denn es bringt Erfolg und macht Spaß. Die Vokabel «Kreativität» erweckt manchmal mißtrauische Vorurteile oder eine Art Prüfungsangst. Die einen, z. B. gute Selbstdarsteller, behaupten, sie voll zu beherrschen. Von diesen denken die anderen, z. B. stille Forscher, die zu Unrecht befürchten, sie seien vielleicht nicht genügend kreativ: «Da sucht jemand in einem dunklen Zimmer nach einer schwarzen Katze, die gar nicht vorhanden ist, und ruft schließlich: Ich hab' sie schon!»

Kreativität ist keine Zauberei oder Scharlatanerie noch ist sie ein Privileg von wenigen Auserwählten, sondern lernbar. Unser Gehirn ist bestens geeignet, schöpferisch zu sein, wenn wir es nur ganzheitlich nutzen. Der 1. Weltkrieg hat unter seinen schrecklichen Opfern so viele Kopfverletzungen hinterlassen, daß die Neurophysiologen empirisch feststellen konnten, wofür einzelne Gehirnbezirke zuständig sind. Indessen weiß man viel mehr. Für unsere Betrachtung reicht aber schon die (in Bild 2.6) gezeigte schematisierte Einteilung.

Nur die Verbindung von linksseitiger Logik und rechtsseitiger Kreativität erzielt ganzheitliche und erfolgreiche Entscheidungen.

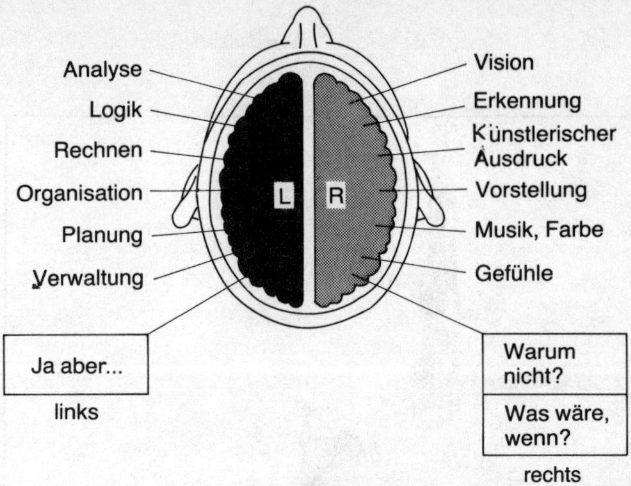

Bild 2.6 Die Verbindung von linksseitiger Logik und rechtsseitiger Kreativität bedeutet ganzheitliches, erfolgreiches Denken (Quelle: Nigel Barlow, Oxford Learning Systems)

Man erkennt leicht, daß unsere Schulausbildung und erst recht die höhere Ausbildung zum Juristen, Naturwissenschaftler oder Ingenieur vor allem die linke Gehirnhälfte trainiert. Die Computer, ihre Logik und Sprache verstärken die Spezialisierung noch. Die rechte Gehirnhälfte ist gepflegter bei Malern, Bildhauern, Dichtern, Musikern und manchmal sogar bei Politikern. Daß bei vielen Frauen Gefühlsempfinden, Geschmack und Kunstsinn so angenehm auffallen, ist vielleicht historisch auch so zu erklären: Vor der Ära der Emanzipation waren sie von einer Berufsausbildung ausgeschlossen und konnten hauptsächlich die rechte Gehirnhälfte aktivieren.

Der typische Manager, ob weiblich oder männlich, ist heute jedenfalls nicht nur «links» erzogen, er ist auch mit «linken» Dingen dauernd so beschäftigt, daß er kaum Zeit für ausgleichendes «Rechtes» findet oder sie sich nicht zu gönnen traut. Das ist nicht gut für seine Entscheidungen. Sie könnten ebenfalls einseitig ausfallen. Dagegen gibt es natürlich Mittel, z. B. die Anwaltsmethode in Kapitel 4. Aber Einseitigkeit kann auch schon vor der Entscheidung auftreten. Wenn die Vielschichtigkeit eines Problems

Bild 2.7 Dali: «Paranoisches Gesicht», 1935

nicht erkannt wird, kommt es vielleicht gar nicht zu alternativen Lösungsvorschlägen, und es braucht auch gar nicht entschieden zu werden. In diesem Fall dient kreatives Denken der Ergänzung von zu wenig vorhandener Information, so wie es in anderen Fällen dem Reduzieren von überflüssiger Information, von Redundanz dient.

Dazu drei Bildbeispiele aus dem Bereich der optischen Effekte.

Bild 2.7 von SALVADOR DALI entstammt seiner kritisch-paranoischen Periode und ist doppeldeutig. Der Betrachter sieht gewöhnlich um eine Hütte oder einen Hügel lagernde Menschen und Buschwerk. Der Titel führt ihn dann dazu, nach dem Gesicht zu suchen, das er am einfachsten entdeckt, wenn er das Blatt um 90° nach rechts dreht. Das Buschwerk ist nun Haar, zwei Köpfe werden zu Augen usw. Jetzt kann er zwischen Eingeborenengruppe und Frauenkopf hin und her schalten, solange es ihn interessiert. Wird er schließlich faul, sieht er vorzugsweise wieder nur noch ein Bild, und zwar das der Frau. Schließlich hat man etwas dazugelernt und bleibt gern auf dem höheren Wissensniveau.

Bild 2.8 ist ein zu hartes Foto von – haben Sie es erkennen können? – einer Kuh. Für Bilderkennung (pattern recognition) ist die rechte Gehirnhälfte zuständig. Wenn man einmal die Kuh erkannt hat, erkennt man sie immer wieder. Hier hat Kreativität fehlende Informationen beigesteuert, z. B. eine Trennlinie zwischen Kuhkopf und -körper gezogen oder Ringe um die Augen gemalt.

Ein besonders interessantes Beispiel für das Erfinden von Hilfslinien ist das Dreieck von KANIZSA [Q35], Bild 2.9.

Wir glauben, zwei Dreiecke zu erkennen: eines mit schwarzem Rand, das unten liegt, und darüber ein randloses, helleres. In Wirklichkeit gibt es weder geschlossene Dreiecke noch Überdekkungen oder Helligkeitsunterschiede im Weiß des Papiers. Das Gehirn scheint Hilfslinien zu empfehlen, um die Figur besser deuten oder auf Bekanntes zurückführen zu können. Wenn man die ausgesparten Winkel in den schwarzen Kreisen verlängert, treffen die Schenkel tatsächlich mit den benachbarten Schenkeln so zusammen, daß sie ein Dreieck bilden. Verlängerungslinien werden aber nicht gezogen. Nur legen scheinbare Helligkeitsunterschiede die Erkennung nahe. Ein faszinierender Fall kreativer Entscheidungshilfe.

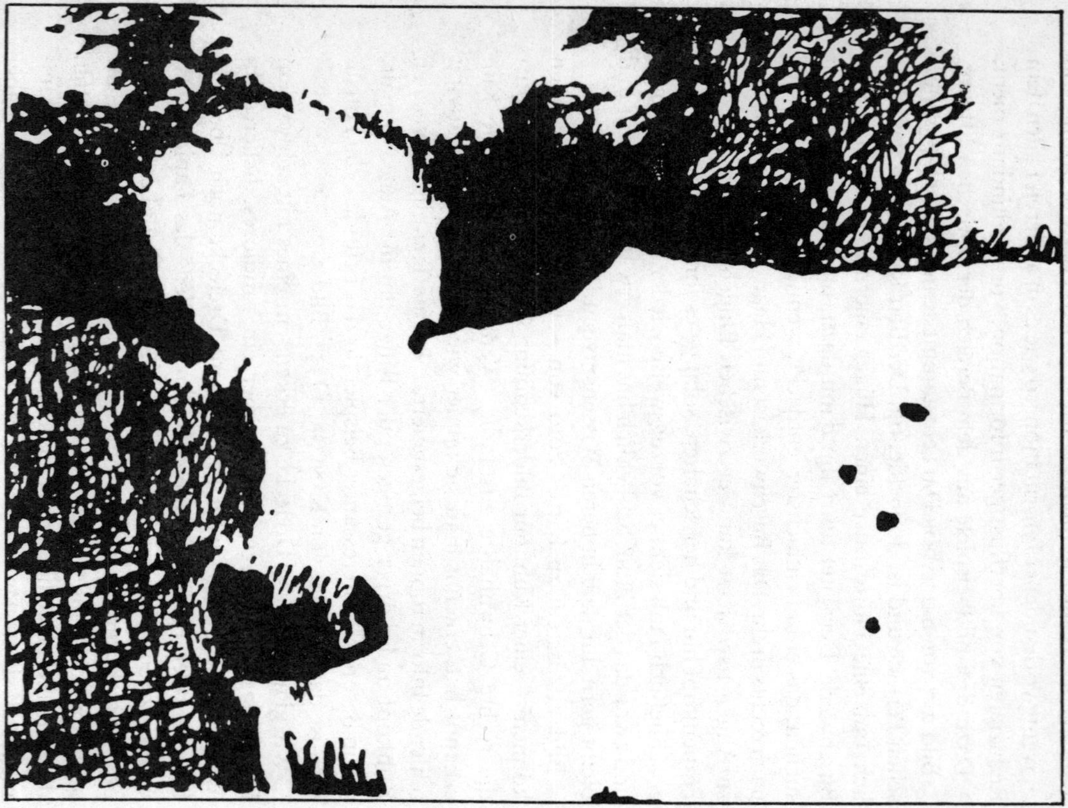

Bild 2.8 Können Sie erkennen, was das ist? (Quelle: Nigel Barlow, Oxford Learning Systems)

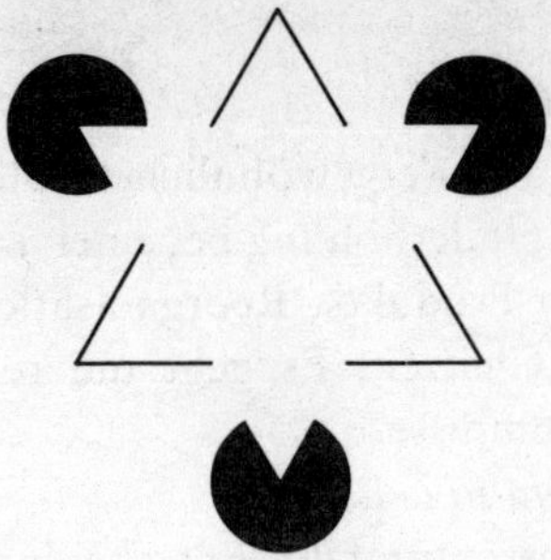

Bild 2.9 «Das Kanizsa-Dreieck»

Entscheidungstypen und -ebenen

J. Hauschildt und seiner Forschergruppe von der Universität Kiel sowie der Offenheit einer Firma verdanken wir interessante Einblicke in Entscheidungsprozesse [Q5]. Die Firma bleibt mit ihren 1 400 Mitarbeitern verständlicherweise anonym. Das Entscheidungsverhalten ihrer Manager und die 83 untersuchten Entscheidungen können nicht repräsentativ genannt werden. Dennoch kann man an diesem Modellfall sehr viel ableiten:

Das Besondere ist nämlich, daß das Entscheidungsgremium der Firma seine im Jahr 1972 getroffenen 83 Entscheidungen sieben Jahre später noch einmal beurteilte. 1979 wurden ca. 30 % der alten Entscheidungen für «schlecht» und mehr als 25 % für «sehr gut» befunden.

Dieser seltene Fall ermöglichte, das Informations- und Entscheidungsverhalten aus 1972 mit der Effizienzbeurteilung von 1979 zu verknüpfen.

Man konnte versuchen, die Ursachen für nachträglich gut oder schlecht beurteilte Entscheidungen zu ergründen. Dabei ist ein wenig Systematik hilfreich.

Entscheidungen kann man in 4 Grundtypen einteilen.

1. *Regelmäßige Anpassung*
   Hier handelt es sich um relativ kleine Entscheidungen zur laufenden Planabstimmung bei Einkauf, Produktion, Vertrieb. Es geht um das laufende Adaptieren an sich verändernde Rahmenbedingungen.

2. *Außergewöhnliches*
Entscheidungen im außergewöhnlichen Fall betreffen z. B. große Investitionen, Kapitalerhöhung bei einer Tochterfirma, Einführung eines neuen Produkts, Reorganisation von Abteilungen, Einführung der Gleitzeit. Es geht um relativ wichtige, aber seltenere Vorkommnisse.
3. *Unmittelbare Gefahr/Zeitstreß*
Dieses Grundmuster umfaßt Entscheidungen unter starkem Termindruck. Es muß sofort entschieden werden, weil jede Verzögerung Schaden verursacht oder bereits eingetretenen Schaden vergrößert. Beispiele wären Konventionalstrafen bei Lieferverzug, Kriminalität, Personalwechsel, Know-how-Abfluß.
4. *Unternehmensgrundsätze*
Unter diese Kategorie fallen seltener vorkommende Entscheidungen von größter Tragweite wie Firmenzukauf, Fusion, Vergabe von Exklusivlizenzen, Vertriebskonzeption, Verhalten gegenüber Wettbewerb, Reorganisation der gesamten Firma.

Die erläuterten 4 Grundtypen von Entscheidungen können auf verschiedenen Ebenen gefällt werden. Nachfolgende Tabelle zeigt summarisch und ohne Erläuterung oder Beweis die nach der Kieler Untersuchung [Q5] erfolgreichste Kombination von Entscheidungstyp und -ebene:

Entscheidungstyp	Entscheidungsebene
1. Regelmäßige Anpassung	Delegation auf Arbeitsebene
2. Außergewöhnliches	Konferenz der Geschäftsführung
3. Unmittelbare Gefahr/ Zeitstreß	Spitzenkonferenz
4. Unternehmensgrundsätze	Gründliche Vorbereitung durch Stabsabteilung oder gezieltes Projektmanagement Erst danach Spitzenkonferenz

Erfolgreiche Kombination von Entscheidungstyp und -ebene

Anzahl der Alternativen und Effizienz

Die im vorigen Abschnitt vorgestellte Untersuchung von Prof. Hauschildt [Q5] liefert weitere Argumente für die Kreativität (Abschnitt «Kreativität» in diesem Kapitel).

Die Kreativität der Alternativen kann man zwar nicht messen, auch nicht den Grad ihrer Unterschiedlichkeit, Neuartigkeit oder Originalität. Jedoch mag die Anzahl der Alternativen der Kreativität proportional sein.

Bei den 83 untersuchten Entscheidungen

gab es in 40 % der Fälle 2 Alternativen,
in 55 % der Fälle 3 Alternativen,
in 5 % der Fälle mehr als 3 Alternativen.

Hat die Anzahl der Wahlmöglichkeiten einen Einfluß auf die Güte der Entscheidung? Nach [Q5] muß das klar bejaht werden.

Der überwiegende Teil (10 : 1) der nachträglich als «sehr gut» eingestuften Entscheidungen ging auf Entscheidungen mit drei Wahlmöglichkeiten zurück.

Unter den als schlecht bezeichneten Entscheidungen dominierten dagegen die Entscheidungen mit 2 Wahlmöglichkeiten gegenüber denen mit 3 Wahlmöglichkeiten im Verhältnis 6 : 1.

Wahlmöglichkeiten	Entscheidungen in %		
	schlecht	befriedigend	sehr gut
2	35	60	5
3	6	44	50

Effizienz von Entscheidungen bei 2 oder 3 Wahlmöglichkeiten nach [Q5]

Keine Alternative bedeutet keine Entscheidung, mit anderen Worten Handeln ohne Freiheitsgrade.

Zwei Alternativen bedeutet Ja oder Nein, Entweder – Oder, Tun oder Lassen.

Drei Alternativen (oder mehr, aber nicht zu viele) bedeuten Gestaltungsspielraum, Autonomie, Souveränität, das Gefühl Frau oder Herr der Lage zu sein und zu bleiben.

Kapitel 3

ZIELDEFINITION

Ohne *klares* Ziel gibt es keine sinnvolle Entscheidung. Das Ziel (die Ziele) soll(en):

- ☐ eindeutig,
- ☐ vollständig,
- ☐ zweckmäßig sein und
- ☐ alle wesentlichen Gesichtspunkte für den Projekterfolg enthalten.

Ziele müssen nicht nur klar sein, sie sollen auch *konstant* bleiben, jedenfalls für eine bestimmte Zeit.

Denn häufiger Zielrichtungswechsel wirkt sich genauso *verheerend* aus wie eine unklare Zielvorgabe. Um beim Heer zu bleiben: Bei der Kavallerie hieß es früher: «Was geblasen wird, wird auch geritten» [Q5].

Das heißt zivil, Ziele sollen sehr sorgfältig, bewußt und offen gesucht und diskutiert werden. Wenn das Ziel aber feststeht, muß man daran festhalten. Kritik vorher, Loyalität hinterher. Die schwierige praktische Frage ist nur: Wie lange? Der oben erwähnten Kavallerie hat das Weiterreiten auch nichts genützt – sie ist schließlich ausgestorben.

In unserem sich ständig und schnell wandelnden Umfeld kann es keine «ewigen» Ziele geben. Zu langes Festhalten am Ziel heißt Verkalkung. Irgendwann muß ein neues Ziel definiert werden, auch wenn damit frühere Entscheidungen an Wert verlieren.

Zielordnungen stellen die Verknüpfung der Teil-, Haupt-, Neben-, Ober- und Unterziele dar (Bild 3.1).

Wenn das Ziel klar ist, die Alternativen unterscheidbar sind, aber eine Entscheidung belanglos erscheint, weil die erwarteten Folgen

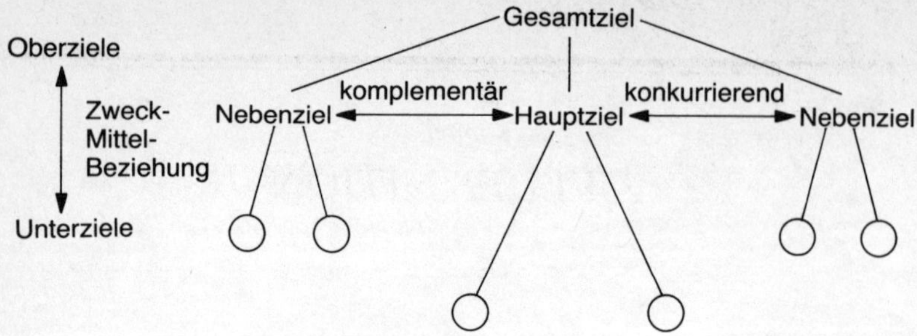

Bild 3.1 Zielordnung

für alle Entscheidungsmöglichkeiten gleich gut oder schlecht sind, ist Gefahr im Verzuge. Eine Fehlentscheidung ist nämlich um so bitterer, wenn genausogut auch anders hätte entschieden werden können. Deshalb sollte bei scheinbar belanglosen Entscheidungen nochmals geprüft werden, ob Ziele und ihre Erfüllung durch die Alternativen nicht doch eine Unterscheidung ermöglichen – allerdings nicht zu lange, ganz im Sinne der folgenden Zitate:

Es ist nicht zu glauben,
wie schlau und erfinderisch die Menschen sind,
um der letzten Entscheidung zu entgehen.

SÖREN KIERKEGAARD

Den meisten Leuten sollte man in ihr Wappen schreiben:
Wann eigentlich, wenn nicht jetzt?

KURT TUCHOLSKY

Wer jede Entscheidung zu schwer nimmt,
kommt zu keiner.

HAROLD MACMILLAN

Eine große Entscheidung darf nicht danach getroffen werden,
was sie sogleich einbringt.

MAXIMILIAN SCHEER

Entscheidungen haben sich nicht mehr nach
vorhandenen Mitteln zu richten,
sondern die Mittel werden durch Entscheidungen geschaffen.

SITHU U THANT

Kapitel 4

METHODEN UND TECHNIKEN DER ENTSCHEIDUNGSFINDUNG

Übersicht

(nach Schlicksupp [Q4])

Die Einteilung beginnt mit qualitativen Methoden und endet mit quantitativen. Die hervorgehobenen Verfahren werden im Text besprochen.

Verfahren der gekoppelten Ideengenerierung und -bewertung

☐ *Sequentielle Morphologie,*
☐ *Konfliktmorphologie,*
☐ *Entscheidungsbaum.*

Bewertung der Qualität einer Lösung in sich

☐ *Prüf- oder Checklisten,*
☐ *Pro-und-Contra-Analyse,*
☐ *Anwaltsmethode.*

Bewertung unter mehreren Zielaspekten

☐ *Scoring-Verfahren/Nutzwertanalyse,*
☐ *Polarprofile,*
☐ *Polaritätsprofile.*

Qualitative Gruppierung und Rangreihenbildung

☐ *ABC-Analyse,*
☐ *Klassenbildungen,*
☐ *Bewertungsdelphi,*
☐ *Paarvergleich.*

Besondere Verfahren der Projektbewertung

- ☐ Technology Assessment,
- ☐ *Risikoanalyse,*
- ☐ *Kosten-Nutzen-Analyse,*
- ☐ Sukzessives Auswahlverfahren.

Wirtschaftlichkeitsrechnungen

- ☐ Kostenvergleichsrechnung,
- ☐ Gewinnvergleichsrechnung,
- ☐ Deckungsbeitragsrechnung,
- ☐ Rentabilitätsrechnung (Return on Investment),
- ☐ Amortisationsrechnung (Pay-off-Period),
- ☐ *Kapitalwert-Methode,*
- ☐ Annuitäten-Methode,
- ☐ Methode des internen Zinsfußes.

Mathematische Entscheidungsmodelle

- ☐ *Lineare Programmierung,*
- ☐ Dynamische Programmierung,
- ☐ *Warteschlangenmodelle,*
- ☐ Lagerhaltungsmodelle,
- ☐ *Spieltheorie,*
- ☐ *Simulationsmodelle.*

Entscheidungsfindung ohne gesicherte Entscheidungsunterlagen

Verfahren der gekoppelten Ideengenerierung und -bewertung

Sequentielle Morphologie

☐ *Vergleich mit dem Morphologischen Kasten oder Tableau*
Die sequentielle Morphologie bedient sich des «Morphologischen Kastens» von Zwicky, einer Problemlösungsmethode mit logischer Strukturierung und kreativem Schluß. Arbeitsmittel ist eine Matrix oder Tabelle, die Problemelemente oder unabhängige Parameter

(was? ↓) als Spalten und die jeweiligen (oder denkbaren) Ausprägungen (wie?→) als Zeilen enthält. Beim Problemlösen mit dem Morphologischen Tableau folgt eine zeilenweise Optimierung, d. h. die Wahl der besten Ausprägung pro Parameter und danach deren Zwangsverknüpfung. Das Ergebnis ist eine Kombination, die oft unverträglich oder nicht ohne weiteres realisierbar ist, aber neue Denkansätze liefert.

Die sequentielle Morphologie als Entscheidungsverfahren nutzt die Matrix in anderer Weise: Die Parameter werden vorher nach Wichtigkeit geordnet und quantifiziert. An die Stelle der Zwangsverknüpfung von jeweils besten Ausprägungen tritt ein stufenweises Einbeziehen, d. h. Harmonisierung statt gezielter Verfremdung.

□ *Verfahrensablauf*

Das Verfahren läuft folgendermaßen ab:

1. Problemanalyse und -definition
   Liste der Parameter (was? ↓)
2. Festlegung von Bewertungskriterien für die Lösungen (wie?→)
3. Gewichtung der Kriterien
4. Quantitative Bestimmung des Zusammenhangs zwischen Parametern und Kriterien
5. Berechnung der Wertigkeiten der Parameter (WP) als Produkte von Gewicht des Kriteriums mal Korrelationskoeffizient aus 4.
6. Zeilenweises Aufsummieren der Produkte aus 5. und Bildung einer Rangfolge für die Parameter
7. Suche nach Ausprägungen für die Parameter, Aufstellung des Morphologischen Tableaus
8. Ermittlung der optimalen Ausprägung für die beiden Hauptparameter unter Verwendung der Bewertungskriterien. Die erhaltene Kombination ist die Kernstruktur für die Entwicklung der Entscheidung
9. Stufenweise Einbeziehung der Ausprägungen für die nächstwichtigen Parameter
10. Formulierung der Entscheidung

☐ *Beispiel: Anschaffung eines Fotoapparats*

1. Parameter P_i
   P_1 = Bautyp (Sucherkamera oder Spiegelreflex)
   P_2 = Aufnahmeformat (8×11, Pocket, 24×36, 6×6)
   P_3 = Automatik (Keine, Blendenautomatik, Zeitautomatik)
   P_4 = Zustand/Alter
   P_5 = Filmtransport (manuell oder motorisch)
2. Kriterien K_i
   Die Familie findet Zuverlässigkeit/Service, optische Qualität/Wechseloptik und Betriebskosten besonders wichtig.
3. Gewichtung der Kriterien K_i
   K_1 = Zuverlässigkeit/Service Gewicht = 0,5
   K_2 = opt. Qualität/Wechseloptik Gewicht = 0,8
   K_3 = Betriebskosten Gewicht = 1,0
4. Korrelationskoeffizienten für P_i/K_i (siehe Bild 4.1)

Der Parameter	korreliert mit		
	Zuverläss./ Service $K_1 = 0{,}5$	Opt. Qualität $K_2 = 0{,}8$	Betriebs-kosten $K_3 = 1$
Bautyp (P_1)	0,5	0,9	0,6
Aufnahmeformat (P_2)	0,5	0,7	0,9
Automatik (P_3)	0,2	0	0,8
Zustand (P_4)	0,9	0,8	0,6
Filmtransport (P_5)	0,2	0	0,9

Bild 4.1 Korrelationskoeffizienten für P_i/K_i

5. Wertigkeiten der Parameter (WP)
   Die WP ergeben sich aus Bild 4.1 als $WP_i = \Sigma K_i \alpha_i$.
   $WP_1 = 0{,}5 \cdot 0{,}5 + 0{,}9 \cdot 0{,}8 + 0{,}6 \cdot 1 = 1{,}57$
   $WP_2 = 0{,}5 \cdot 0{,}5 + 0{,}7 \cdot 0{,}8 + 0{,}9 \cdot 1 = 1{,}71$
   $WP_3 = 0{,}2 \cdot 0{,}5 + 0 \cdot 0{,}8 + 0{,}8 \cdot 1 = 0{,}90$
   $WP_4 = 0{,}9 \cdot 0{,}5 + 0{,}8 \cdot 0{,}8 + 0{,}6 \cdot 1 = 1{,}69$
   $WP_5 = 0{,}2 \cdot 0{,}5 + 0 \cdot 0{,}8 + 0{,}9 \cdot 1 = 1{,}00$
6. Rangfolge der Parameter
   1. Aufnahmeformat ($WP_2 = 1{,}71$)
   2. Zustand/Alter ($WP_4 = 1{,}69$)

3. Bautyp (WP1 = 1,57)
4. Filmtransport (WP_5 = 1,0)
5. Automatik (WP_3 = 0,9)

7. bis 9. Morphologisches Tableau

Zunächst werden Ausprägungen für die beiden wichtigsten Parameter P_2 und P_4 gesucht und in das Tableau eingetragen. Dann folgt die optimale Verknüpfung der betreffenden Ausprägungen, wozu die Kriterien mit hoher Korrelation herangezogen werden, also für P_2 vor allem K_3 und K_2 sowie für P_4 vor allem K_1 und K_2.

Praktisch heißt das für P_2 (Aufnahmeformat): Die Forderungen niedrigste Betriebskosten und hohe optische Qualität führen zu einer Entscheidung für das *Kleinbildformat*. Größere Formate sind teurer, kleinere bringen Einbußen in der Qualität.

Bei P_4 (Zustand/Alter) führen die Forderungen nach Zuverlässigkeit, gutem Service und hoher optischer Qualität zur Entscheidung für eine *neue Kamera*.

In der 1. Sequenz (Bild 4.2) erfolgt also die Einengung der Wahlmöglichkeiten auf *neue Kleinbildkamera*.

Parameter	Ausprägungen			
Aufnahmeformat	8×11	Pocket	24×36	6×6
Zustand Alter	Neu	Vorführgerät	gebraucht	
Bautyp	Sucherkamera	Spiegelreflex		
Filmtransport	Manuell	Hin: Motor Zur.: Manuell	Motor	
Automatik	keine	Blenden-	Zeit-	Mehrfach-

Bild 4.2 Sequentielle Morphologie über Fotoapparate als Grundlage für eine Kaufentscheidung

In der 2. Sequenz wird der nächstwichtige Parameter P_1 Bautyp angeschlossen. Die Entscheidung fällt für *Spiegelreflex* wegen der optischen Anforderungen. Die Gesamtentscheidung lautet jetzt *neue KB-Spiegelreflex.*

Die 3. Sequenz berücksichtigt nun P_5 Filmtransport. Wegen der starken Korrelation mit den Betriebskosten, hier Batterieverbrauch, fällt die Entscheidung für den *manuellen Filmtransport* oder mindestens für manuelles Rückspulen.

In der 4. und letzten Sequenz ist noch P_3 Automatik zu berücksichtigen. Da P_3 fast ausschließlich mit den Betriebskosten korreliert – hier Kaufpreis, Batterieverbrauch, Ausschuß infolge falscher Belichtung –, wird die Entscheidung für die preiswerteste Automatik fallen.

Die Gesamtentscheidung lautet bis hierher:

Kleinbild-Spiegelreflex mit Automatik und manuellem Filmtransport.

Für die Endauswahl können nun einzelne Kameramodelle dieser Kategorie nach Preis und Leistung und/oder verfeinerten Parametern verglichen werden – eventuell wieder mittels sequentieller Morphologie.

Konfliktmorphologie

☐ *Beschreibung*

Die Konflikt-Morphologie ist dann einsetzbar, wenn zwischen zwei gegensätzlichen komplexen Interessenlagen A und B entschieden werden soll. Dabei kann die günstigste Entscheidung für A oder für B oder ein Kompromiß angestrebt werden.

Als Grundschema dient wieder eine Art Morphologisches Tableau mit den Parametern (was? ↓), hier Konfliktpunkte aus den Ausprägungen (wie?→). Das Verfahren eignet sich auch gut für die Vorbereitung von Verhandlungen.

☐ *Vorgehensweise*

1. Problemdefinition
2. Zusammenstellen der Konfliktpunkte und evtl. Gewichtung

3. Auflistung der Erfüllungsmöglichkeiten für die Konfliktpunkte, nach Interessenlage A und B geordnet
4. Einzeichnen der Entscheidung bzw. des Verhandlungsziels

☐ *Beispiel: Abschluß eines Bauvertrages*
Interessenlage A: Bauherr
Interessenlage B: Baufirma
(Bild 4.3)

Konfliktpunkte		Maximale Begünstigung A ◄ von ► B				
K_1 (1,0)	Fertigpreis (TDM)	250	275	300	325	350
K_2 (0,8)	Bauzeit (Monate)	4	5	6	7	8
K_3 (0,6)	Gewährleistung (Jahre)	5	3	1	0,5	keine
K_4	Erdarbeiten (TDM)	inkl.	5	10	20	25
K_5	Einliegerwohnung Ausbau (TDM)	inkl.	10	20	30	40
K_6	Garage (TDM)	inkl.	3	5	7	10

Bild 4.3 Abschluß eines Bauvertrages

Entscheidungsbaum

☐ *Eignung und Zweck*
Ein Entscheidungs*baum* ist nichts weiter als eine grafische Unterstützung des Denkens in Alternativen und deren immer weiter verzweigten Unteralternativen. Ein Entscheidungsbaum hilft analysieren und systematisieren. Er kann zur Optimierung von Entscheidungen unter Unsicherheit dienen (s. a. Abschnitt «Entscheidungsfindung ohne gesicherte Entscheidungsunterlagen» in diesem Kapitel) und damit zur Festlegung einer Strategie.

☐ *Vorgehensweise*
1. Ausgehend von einem Entscheidungsstandort werden alle denk-

baren Strategien als *Äste* dargestellt und führen zu einem Ereignispunkt.

2. Von diesem Ereignispunkt weitergehend, gibt es mehrere Möglichkeiten für Unterereignisse, die als *Zweige* dargestellt werden. Jeder Zweig hat einen bestimmten Wert und eine bestimmte Wahrscheinlichkeit.
3. Die Summe der Wahrscheinlichkeiten der abhängigen Zweige pro Ereignispunkt muß 1 sein.
4. Bei mehrstufigen Entscheidungsproblemen führen die Äste entweder zu einem neuen Ereignispunkt oder zu einem neuen Entscheidungsstandort. Bei sehr komplexen Entscheidungen empfiehlt es sich, den Baum nicht zu stark aufzufächern, sondern einzelne Bäume zu konstruieren. Nach Auswertung kann daraus ein End-Baum ohne Ballast gezeichnet werden.
5. Die Multiplikation von Erwartungswert und -wahrscheinlichkeit ergibt den Ertragswert für jedes Ereignis. Die Summe der Ertragswerte aller Ereignisse einer Strategie ergibt den Ertragswert der Strategie.

□ *Beispiel [Q7]: Preissenkung für das Waschmittel «Zeobor»* (Bild 4.4)

Eine Waschmittelfirma möchte den Preis für ihr Produkt «Zeobor» senken und steht vor der Entscheidung, dies landesweit oder nur auf einem Teilmarkt zu tun. Von der Preissenkung verspricht sich die Firma einen höheren Marktanteil.

Sollte das gelingen, bringt die mutigere Entscheidung für die nationale Preissenkung einen höheren Umsatz. Die vorsichtigere Entscheidung, erst einmal auf einem Testmarkt den Preis zu senken, berücksichtigt die Möglichkeit, daß der Wettbewerb mitzieht. In dem Fall würde die Preissenkung bei beiden Firmen den Gewinn schmälern, und der jeweilige Marktanteil bliebe konstant. Deshalb muß nun geschätzt werden, mit welcher Wahrscheinlichkeit (p) der Wettbewerb den Preis senkt, regional oder landesweit.

Schließlich sind die relevanten Zahlungsströme, also die Umsätze, die Kosten und der als Differenz ermittelte Netto-Cash-Flow oder eine andere Meßgröße als Erwartungswert (EW) zu ermitteln.

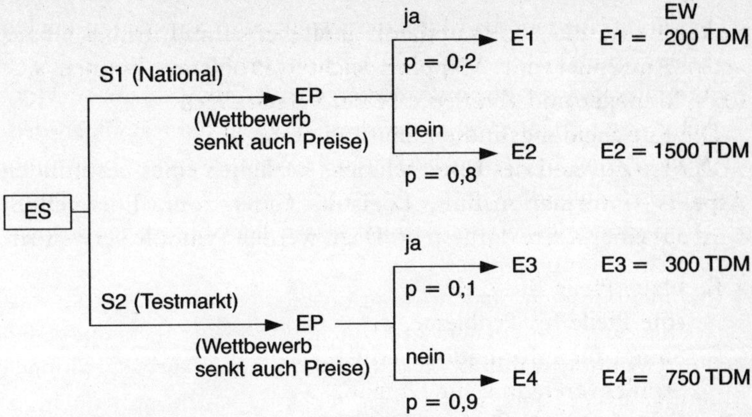

Bild 4.4 Preissenkung für das Waschmittel «Zeobor»
ES: Entscheidungsstandort S: Strategie EP: Ereignispunkt
p: Eintrittswahrscheinlichkeit E: Ereignis EW: Ereigniswert

Die Multiplikation von EW und p je Ast des Entscheidungsbaums ergibt den Ertragswert für jedes Ereignis.

Ertragswert:
Strategie S1 = (200 × 0,2) + (1500 × 0,8) = 1240 TDM
Strategie S2 = (300 × 0,1) + (750 × 0,9) = 750 TDM

Ergebnis:
Strategie S1 ist zu bevorzugen. Das heißt: Eine landesweite Preissenkung ist einer Preissenkung auf einem Testmarkt vorzuziehen – vorausgesetzt, der Wettbewerb zieht nicht mit.

Mapping [Q24]

Mapping ist ein Visualisierungsverfahren, das mit Landkarten-Symbolen arbeitet. Es wurde in der Genfer Filiale der Firma Digital Equipment von John Geesink, Charles Revkin und Bonnie Sontag entwickelt. Man hatte nach einer neuen Methode gesucht, mittels derer komplexe Abläufe und Systeme so darzustellen seien, daß sie nicht nur von Computerfachleuten verstanden werden. Diese visuelle Methode konnte tatsächlich einfacher erklären, was zu kaufen ist und was man damit anfangen kann. Darüber hinaus orten Anwender mit Mapping leichter Probleme, können sich EDV-Manager und Kaufleute besser verständigen.

Die Entscheidungsfindung läuft wie folgt ab:

Der Ist-Zustand des Unternehmens bezüglich eines bestimmten Aspekts (Informationsfluß, Logistik, Güterstrom, Energiefluß) wird auf einer Karte dargestellt. Dazu werden Symbole verwendet:

z. B. blaue Pfeile für Ziele,
rote Pfeile für Probleme,
Sumpf für Informationsverlust,
Straßenverengung für Engpaß,
Einbahnstraße für Irreversibilität,
Vorfahrtsschilder für Prioritäten usw.

Über die fertige Landkarte wird dann für den Kunden eine Folie gelegt, die zeigt, was durch Computereinsatz verändert werden kann. Dabei kann über EDV in der Sprache derer gesprochen werden, die die Landkarte gezeichnet haben.

Mapping ist bei Volvo als eine Methode der Entscheidungsfindung fest etabliert. Auch die Firmen Nork Hydro und Du Pont verwenden sie. Visualisieren hilft zweifellos, Probleme zu finden und zu lösen, soweit es sich um Konzepte handelt. Fachwissen oder technische Detailarbeit lassen sich durch Mapping natürlich nicht ersetzen.

Bewertung der Qualität einer Lösung in sich

Prüf- und Checklisten

Dies sind Formulare, deren Ausfüllen zu einer möglichst umfassenden und objektiven Analyse von Vorschlägen und Konzepten zwingt. Sie erleichtern Entscheidungen durch das Verdeutlichen von aufzufüllenden Informationslücken. Auch setzen sie die Angstschwelle deutlich herab, wenn eine große Entscheidung in kleinere fundierte Vorentscheidungen zerlegt wird.

Zweck und Aufbau der Listen richten sich nach Branche, Unternehmensziel und Entscheidungsstufe. Für die Ideen-Vorauswahl sollten sie nur wenige Grundkriterien enthalten. In der Produktion dienen Checklisten auch als Pflichtenhefte oder als Handlungsleitfaden bei Störfällen.

Beispiel:

- □ Bewertungsblatt Grob-Bewertung von Problemlösungsvorschlägen, Bewertungsblatt Detail-Bewertung von Problemlösungsvorschlägen, wie sie bei der Nutzwertanalyse/Scoring-Verfahren eingesetzt werden
- □ Vordrucke für Situationsanalyse, Problemanalyse, Entscheidungsanalyse für Methode Kepner-Tregoe [Q14], siehe Bilder 4.5 bis 4.9, 4.25 und 4.26.
- □ Vordrucke für Paarvergleich [Q14], siehe Bilder 4.33 und 4.34. (Mit freundlicher Genehmigung von Herrn Dipl.-Ing. H.-E. Scholz, KWU.)

ZIEL der Entscheidung										
MUSS-ZIELSETZUNGEN		Alternative			Alternative			Alternative		
		Informationen zu Mußzielen		Prüfung	Informationen zu Mußzielen		Prüfung	Informationen zu Mußzielen		Prüfung
1. 2. 3. 4. 5. 6.										
WUNSCH-ZIELSETZUNGEN	Gewicht	Informationen zu Wunschzielen	W	P	Informationen zu Wunschzielen	W	P	Informationen zu Wunschzielen	W	P
1.										
2.										
3.										
4.										
5.										
6.										
7.										
8.										
9.										
10.										
11.										
12.										
13.										
14.										
15.										
16.										
17.										
18.										
19.										
20.										
			$\Sigma =$			$\Sigma =$			$\Sigma =$	

Bild 4.5 Ziel der Entscheidung

EA 1

ANLASS		
ZIEL		
Zielsetzungen – Auswahlkriterien	Muß/Wunsch	Gewicht 1–10 (Nur Wunsch)
1.		
2.		
3.		
4.		
5.		
6.		
7.		
8.		
9.		
10.		
11.		
12.		
13.		
14.		
15.		
16.		
17.		
18.		
19.		
20.		
21.		
22.		
23.		
24.		
25.		
26.		

Bild 4.6 Anlaß und Zielsetzungen

ZWECK der Entscheidung	
MUSS-ZIELE	
1.	
2.	
3.	
4.	
5.	
6.	
WUNSCH-ZIELE	Gewicht
1.	
2.	
3.	
4.	
5.	
6.	
7.	
8.	
9.	
10.	
11.	
12.	
13.	
14.	
15.	
16.	
17.	
18.	
19.	
20.	

Bild 4.7 Zweck der Entscheidung

EA 3

Alternative			Alternative		
Information	W	P	Information	W	P
	Σ =			Σ =	

Bild 4.8 Alternativen

Risikoermittlung			
Nachteile, Auswirkungen je Alternative	W	T	W · T
Alternative			
Alternative			

Bild 4.9 Risikoermittlung

Pro-und-Contra-Analyse [Q4]

Die Pro-und-Contra-Analyse (Bild 4.10) stellt die positiven und negativen Aspekte einer Idee möglichst systematisch in einer Tabelle dar.

Die Tabelle verhilft durch Übersichtlichkeit, Stärken und Schwächen einzelner Alternativen besser hervortreten zu lassen und vergleichbar zu machen. Der Vergleich kann unmittelbar zu weiteren Verbesserungsvorschlägen führen.

Problemlösungsvorschlag: ______			
Anwendung	PRO	CONTRA	Verbesserungs-vorschlag
Forschung			
Entwicklung			
Anwendungs-technik			
Produktion			
Vertrieb			

Bild 4.10 Pro-und-Contra-Analyse (Q4)

Anwaltsmethode [Q4]

Beim Problemlösen ist es selbstverständlich, immer erst die positiven Aspekte einer Idee zu diskutieren – und dann die negativen. Nur so haben unkonventionelle Ideenkeime eine Chance, den Ideenkillern zu entkommen (Bild 4.11 und letzter Abschnitt).

Bild 4.11 Neue Ideen

Bild 4.12 Ideenkiller

Beim Entscheiden, welche Alternative die beste Problemlösung sei, besteht erneut Gefahr. Während der Forscher hinter «Ausreißern» neue Effekte sucht, bekämpft der Analytiker Ausreißer als Feinde von Meßgenauigkeit und Reproduzierbarkeit. Es ist nur natürlich, daß der Standpunkt des Analytikers bei Entscheidungen dominiert, und zwar um so stärker, je mehr Verantwortung die Entscheidung erfordert.

Gerade originelle Ideen werden deshalb oft vorschnell verworfen. Damit jedoch sichergestellt ist, daß jede Alternative gebührend berücksichtigt wird, wird sie im Bewertungsteam von einem «Anwalt» vertreten.

Der Anwalt muß von der Qualität des Vorschlags überzeugt sein und ihn motiviert vertreten – gewissermaßen in Umkehrung des advocatus-diaboli-Prinzips. Er präsentiert den Vorschlag und vor allem dessen Qualitäten.

Im sachlichen Streitgespräch versucht der Anwalt, Einwände zu entkräften, unterstützende Argumente zu finden und evtl. spontan den Vorschlag zu verbessern, zu vertreten oder abzuwandeln.

Das Anwaltsverfahren hat in erster Linie schützenden und aufklärenden Wert. Stärken und Schwächen einer Alternative werden klarer erkennbar. Mißverständnisse und Vorurteile können aus dem Weg geräumt, gemeinsame Prämissen aufgebaut werden. Die Anwaltsmethode läßt sich vorteilhaft detaillierteren und quantifizierenden Bewertungsverfahren (z. B. Nutzwertanalyse) vorschalten.

Marketing-Index

Bei der Abwägung, ob ein neues Produkt eingeführt werden soll, hat sich der «Marketing-Index» bewährt [Q11, 12]. Die Tabelle für den Marketing-Index (Bild 4.13) enthält 15 Faktoren, die zu bewerten sind. Aus der gewichteten Bewertung ergibt sich die Marketing-Indexzahl, daraus ein Marketing-Rohindex und schließlich der Marketing-Index. Die Vorgehensweise läßt sich am besten an einem Beispiel erklären:

Fallstudie
Wäßrige Dispersion für die Aluminiumveredelung
Aluminium wird mit (Meth)acrylaten beschichtet, um

- ☐ es vor Oxidation zu schützen,
- ☐ Metallkontakt mit Lebensmitteln auszuschließen und
- ☐ es siegelfähig zu machen.

So veredelte Aluminiumfolie geht in großen Mengen in Verpackun-

Marketing-Index für neue Produkte					
	11 Punkte sehr gut	8 Punkte gut	6 Punkte durchschnittlich	4 Punkte schlecht	1 Punkt sehr schlecht
I. Marktfähigkeit					
1. Erforderliche Absatzwege	Ausschließlich gegenwärtige	Überwiegend gegenwärtige	Zur Hälfte gegenwärtige	Überwiegend neue	Ausschließlich neue
2. Beziehung zur bestehenden Produktgruppe	Vervollständigung der zu schmalen Produktgruppe	Abrundung der Produktgruppe	Einfügbar in die Produktgruppe	Stofflich mit der Produktgruppe verträglich	Unverträglich mit der Produktgruppe
3. Preis-Qualitäts-Verhältnis	Preis liegt unter dem ähnlicher Produkte	Preis liegt z. T. unter dem ähnlicher Produkte	Preis entspricht dem ähnlicher Produkte	Preis liegt z. T. über dem ähnlicher Produkte	Preis liegt meist über dem ähnlicher Produkte
4. Konkurrenzfähigkeit	Produkteigenschaften werblich vertretbar und Konkurrenzprodukten überlegen	Mehrere werblich bedeutsame Produkteigenschaften sind Konkurrenzprodukten überlegen	Werblich bedeutsame Produkteigenschaften entsprechen den Konkurrenzprodukten	Einige überlegene Produkteigenschaften	Keine überlegenen Produkteigenschaften
5. Einfluß auf Umsatz der alten Produkte	Steigert Umsatz der alten Produkte	Unterstützt Umsatz der alten Produkte	Kein Einfluß	Behindert Umsatz der alten Produkte	Verringert Umsatz der alten Produkte
II. Lebensdauer					
6. Lebenszyklus (Haltbarkeit)	groß	überdurchschnittlich	durchschnittlich	relativ gering	schnelle Veralterung zu erwarten
7. Marktbreite	Inland und Export	Breiter Inlandsmarkt	Breiter Regionalmarkt	Enger Regionalmarkt	Enger Spezialmarkt
8. Saisoneinflüsse	keine	kaum	geringe	etliche	starke
9. Exklusivität der Ausführung	Patentschutz	z. T. Patentschutz	Nachahmung schwierig	Nachahmung teuer	Nachahmung leicht und billig

Marketing-Index für neue Produkte (Fortsetzung)

	11 Punkte sehr gut	8 Punkte gut	6 Punkte durchschnittlich	4 Punkte schlecht	1 Punkt sehr schlecht
III. Produktionsmöglichkeiten					
10. Benötigte Produktionsmittel	Produktion mit stilliegenden Anlagen	Produktion mit vorhandenen Anlagen	Vorhandene Anlagen können z. T. verwendet werden	Teilweise neue Anlagen notwendig	Völlig neue Anlagen erforderlich
11. Benötigtes Personal und technisches Wissen	Vorhanden	Im wesentlichen vorhanden	Teilweise erst zu beschaffen	In erheblichem Umfange zu beschaffen	Gänzlich neu zu beschaffen
12. Benötigte Rohstoffe	Bei Exklusiv-Lieferanten erhältlich	Bei bisherigen Lieferanten erhältlich	Von einem Neulieferanten zu beziehen	Von mehreren Neulieferanten zu beziehen	Von vielen Neulieferanten zu beziehen
IV. Wachstumspotential					
13. Marktstellung	Befriedigung neuer Bedürfnisse	Erhebliche Produktverbesserung	Gewisse Produktverbesserung	Geringe Produktverbesserung	Keine Produktverbesserung
14. Markteintritt	Sehr hoher Investitionsbedarf	Hoher Investitionsbedarf	Durchschnittlicher Investitionsbedarf	Geringer Investitionsbedarf	Kein Investitionsbedarf
15. Erwartete Zahl an Endverbrauchern	Starke Zunahme	Geringe Zunahme	Konstanz	Geringe Abnahme	Erhebliche Abnahme

aus: «Marketing Planung» von Mark. E. Stein, Berlin Verlag 1969

Bild 4.13 Marketing-Index für neue Produkte nach [Q 11]

gen von z. B. Medikamenten, Süßigkeiten, Schokolade, Getränken und Joghurt.

Das gegenwärtige Arbeiten mit Filmen aus organischen Lösungen bedingt Umweltprobleme und ist teuer. Das Lösungsmittel muß entweder zurückgewonnen oder entsorgt werden. Die Al-Veredler würden deshalb lieber mit einem wäßrigen System arbeiten.

Die Forschung hat eine solche neue und umweltfreundliche Polymerdispersion für die Beschichtung von Metall entwickelt. Produktionsmöglichkeiten sind vorhanden. Die Frage ist nun, ob die Firma sich zur Produkteinführung entschließen soll oder nicht.

Eine Gruppe, z. B. bestehend aus je einem Vertreter der Forschung, der Anwendungstechnik, des Marketings und des Vertriebs, setzt sich zusammen und verwertet die Tabelle «Marketing-Index für neue Produkte» wie folgt:

1. Die Gruppe gewichtet die 15 Faktoren mit
   5 für sehr starkes Gewicht bis
   1 für geringes Gewicht (Bild 4.14, Spalte 1).
2. Die Gruppe bewertet das Produkt bezüglich der 15 Faktoren mit
   11 Punkte = sehr gut
   8 Punkte = gut
   6 Punkte = durchschnittlich
   4 Punkte = schlecht
   1 Punkt = sehr schlecht (Bild 4.14, Spalte 2).
   Bei unterschiedlichen Einschätzungen wird das arithmetische Mittel eingesetzt.
3. Die Summe der Bewertungen nach Punkt 2 ergibt die Marketing-Indexzahl 117.
   Die Marketing-Indexzahl wird wie folgt beurteilt:
   unter 80 Punkte: keinesfalls einführen
   80 bis 100 Punkte: mit Bedenken einführen
   100 bis 120 Punkte: einführen
   120 und mehr Punkte: unbedingt einführen
   Zwischenergebnis nach Marketing-Indexzahl:
   $100 < 117 < 120$ Punkte
   d. h. Produkt einführen!

Faktoren	0 Faktor-Nr.	1 Gewicht	2 Punkte	3 Gewichte · Punkte
1 Marktfähigkeit				
Absatzwege	1	1	11	11
Beziehung zu Palette	2	5	8	40
Preis – Qualität	3	5	6	30
Wettbewerbsfähigkeit	4	5	11	55
Umsatzeinfluß	5	1	6	6
2 Lebensdauer				
Lebenszyklus	6	1	11	11
Marktbreite	7	1	5	5
Saisoneinflüsse	8	1	11	11
Exklusivität	9	5	3	15
3 Produktionsmöglichkeiten				
Produktionsmittel	10	5	8	40
Personal + Wissen	11	5	11	22
Rohstoffe	12	2	8	16
4 Wachstumspotential				
Marktstellung	13	5	11	55
Marktpotential	14	3	1	3
Endverbraucher	15	1	6	6
Summen	15	43	117	326
Bedeutung der Summen	43 : 15 = 2,87 Divisor		Marke-ting-Index-zahl	Marketing-Rohindex

$$\text{Marketing-Index} = \frac{\text{Marketing-Rohindex}}{\text{Divisor}}$$

$$= \frac{326}{2{,}87} = \underline{\underline{113{,}6}}$$

Bild 4.14 Ermittlung des Marketing-Index

4. Die Summe der Produkte aus Gewicht (Bild 4.14, Spalte 1) und Punktzahl (Spalte 2) ergibt in Spalte 3 den Marketing-Rohindex 326.
5. Der Divisor ist der Quotient
   Summe der Gewichte : Summe der Faktoren
   = 43 15 = 2,87
6. Der Marketing-Index ergibt sich
   Marketing-Rohindex : Divisor
   = 326 2,87 = 113,60

Der Marketing-Index wird wie unter Punkt 3 ausgewertet.

Ergebnis: Ein Marketing-Index von 114 bedeutet: Unter Berücksichtigung der 15 Faktoren ist es empfehlenswert, die neue Dispersion einzuführen.

Bewertung unter mehreren Zielaspekten

Wertanalyse (WA)

Als Erfinder der Wertanalyse gilt der Amerikaner LAWRENCE D. MILES durch sein 1947 erschienenes Buch «Value Engineering». Der ehemalige Chefeinkäufer von General Electric stellt hierin Überlegungen an, wie Kosten in den Betrieben systematisch minimiert werden können. Die Wertanalyse basiert auf einer

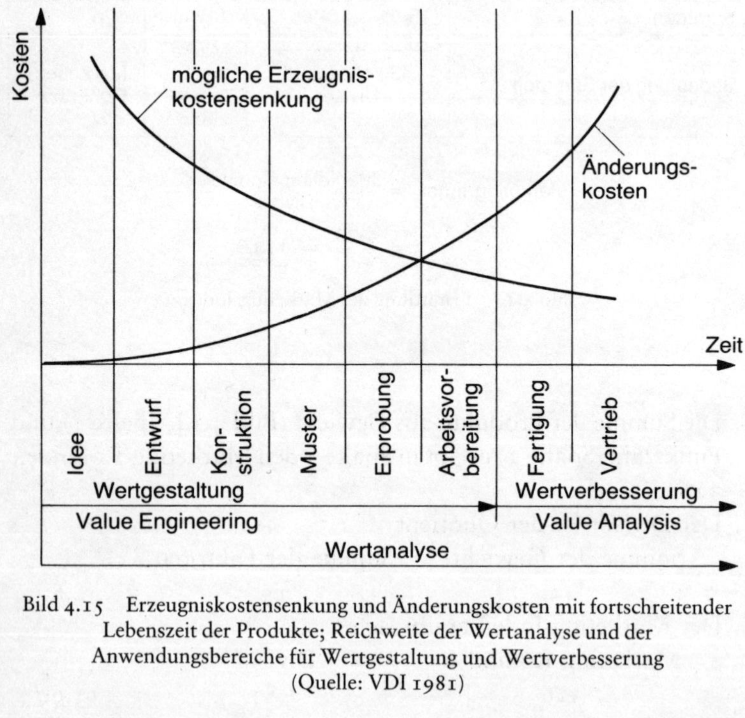

Bild 4.15 Erzeugniskostensenkung und Änderungskosten mit fortschreitender Lebenszeit der Produkte; Reichweite der Wertanalyse und der Anwendungsbereiche für Wertgestaltung und Wertverbesserung (Quelle: VDI 1981)

Aufwand-Nutzen-Analyse etwa im Sinne des Goethe-Wortes «... daß der Mensch recht abwäge, was man aufopfern muß, gegen das, was zu gewinnen ist.»

Konkret geht es bei der WA darum, Produkte oder Leistungen so wertvoll wie möglich zu machen. Wertvoll heißt: für den Anbieter langfristiger Erfolg, für den Kunden optimale Funktionalität bei minimalen Kosten.

Beispiel 1:
Durch WA wird eine Waschmittelrezeptur geändert. Das Waschmittel wird dadurch besser und kann billiger angeboten werden.
Beispiel 2:
Bei einem Rasenmäher werden Details preisgünstig verändert oder weggelassen. Der Mäher wird sicherer und billiger.

WA besteht aus einem Bündel von Prüf- und Ideenfindungstechniken, die nach einem bestimmten Schema eingesetzt werden, um

- ☐ alte Produkte zu verbessern und neue zu entwickeln,
- ☐ Abläufe in Produktion und Verwaltung effizienter zu gestalten,
- ☐ Kosten abzubauen, ohne daß darunter die Qualität der Werkstücke wie der Entscheidungsprozesse leidet.

Seit 1964 gilt für den Zentraleinkauf der US-Armee, daß die Vertragspartner bei Aufträgen über 100 000 $ die WA einsetzen. In Deutschland wurde die Methode um 1965 durch die Gründung des VDI-Gemeinschaftsausschusses «Wertanalyse» besonders bekannt.

Für die WA existiert sogar ein DIN-Arbeitsplan (DIN 69 910).

Im Rahmen eines solchen Arbeitsplans können folgende Techniken zum Einsatz kommen:

WERTANALYSE
Arbeitsplan nach [Q13]

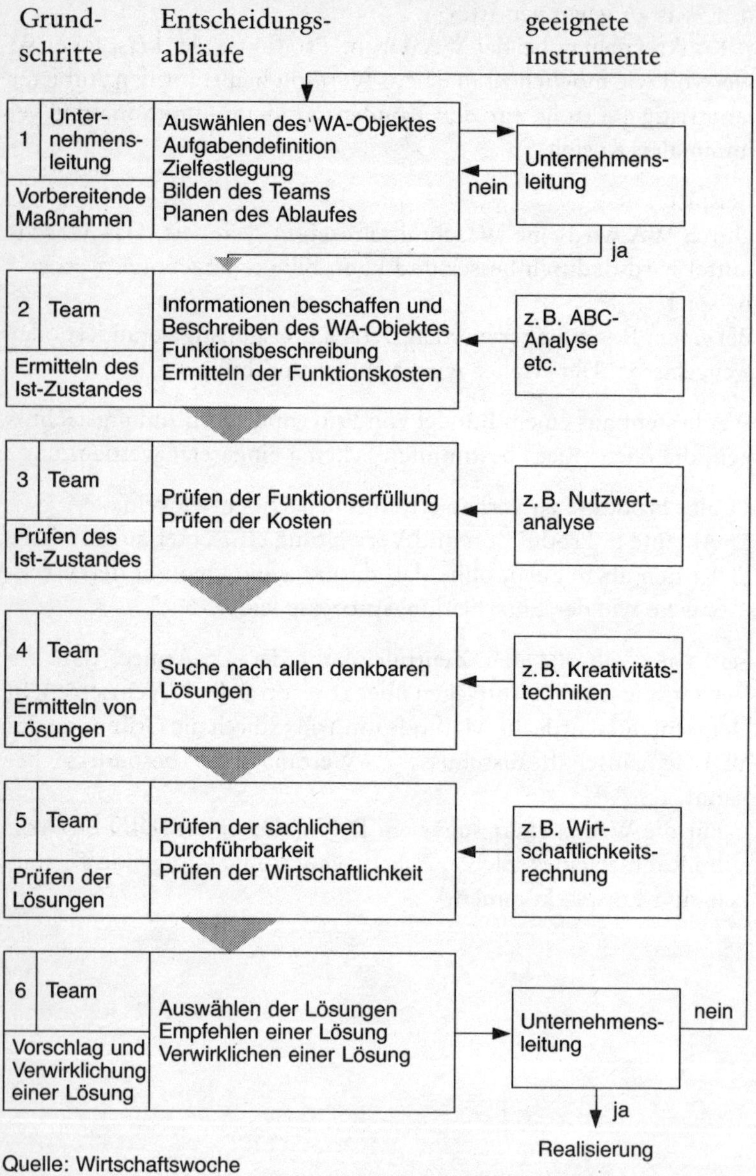

Quelle: Wirtschaftswoche

ABC-Analyse (s. eigener Abschnitt),

Funktionsanalyse
Mit der Frage «*Was tut das Ding?*» versucht man, die eigentliche Aufgabe herauszustellen, und sucht nach anderen Erfüllungsmöglichkeiten. Beispiel: Eine Schraube hält 2 Platten zusammen. Gesucht wird nach anderen Möglichkeiten, Teile zu verbinden – etwa kleben, löten, schweißen, nieten.

Bei der Funktionsanalyse wird oft eine Übererfüllung von Anforderungen entdeckt, z. B. zu dickes, schweres, wertvolles Material. Beispiel: Für die Verpackung von Zahnpasta wird extraweiße Pappe eingesetzt, die dann fast völlig bedruckt wird.

Eine ideale Anwendung für WA ist die Wertgestaltung im Entwicklungsstadium eines Produkts. In diesem Stadium kann man bei minimalen Änderungskosten große Kostensenkungen erzielen.

Ist ein Produkt bereits auf dem Markt, können sinnvolle Einsparungen dadurch hinfällig werden, daß sie durch den Änderungsaufwand verschlungen werden (s. a. Bild 4.15).

Kostenanalyse
Mit der Frage «*Was kostet das Ding?*» untersucht man, welche Material- und Lohnkosten auf die einzelnen Funktionen entfallen. Dabei wird oft entdeckt, daß unwichtige Bestandteile teuer sind.

Typische Maßnahmen zur Kostensenkung, die sich leicht aus Fragelisten zur Ideenanregung beim Brainstorming ableiten lassen, sind:

- ☐ Verminderung der Anzahl von Einzelteilen,
- ☐ Verwendung von Normteilen,
- ☐ Gewichtsverminderung,
- ☐ Verwendung billigerer Werkstoffe,
- ☐ Fremdbezug statt Eigenfertigung von Teilen,
- ☐ Wahl einer billigeren Oberflächenbehandlung.

Substitutionsanalyse
Die dritte Miles'sche Frage lautet: «*Welches andere Ding kann das gleiche billiger tun oder bei gleichen Kosten besser?*» Hier kommen

QUICKSTORMING	
1. Gulliver	(Optik umkehren, Vorhandenes auf den Kopf stellen)
2. Off	(Problem auf eine neue Ebene verlagern, Flucht nach vorn)
3. Off-Off	(Raus aus dem System; Warum eigentlich nicht?)
4. Domino	(Angefangene Gedanken ein Stück weiterdenken, an Vorhandenes anbauen)
5. Step by Step	(Große Sprünge vermeiden, dafür mit kleinen Schritten vorankommen)
6. Additive	(Einbauen eines Katalysators, der neue Reaktionen ermöglicht)
7. Bisoziative	(Kombination von zwei Vorschlägen, die auf den ersten Blick nichts miteinander zu tun haben; Zwangsverknüpfung)
8. Polysoziative	(Mehrere, verschiedene Teile zu einem neuen Ganzen verbinden, Bildung eines Netzwerks)
9. Atomistic	(Das Problem zerlegen und die Teile danach einzeln behandeln)
10. Analogic	(Wie machen es andere? Wo gibt es ähnliches?)
11. Here & Now	(Gegenwärtige Trends aufspüren und verfolgen)
12. Do Less	(Überflüssiges weglassen, auf Notwendiges oder Wesentliches beschränken)

Bild 4.16 Anregung der Ideenproduktion

kreative Problemlösungstechniken, wie z. B. Brainstorming, Morphologischer Kasten, Synektik zum Zuge. Ungeübten Brainstormern hilft beim Erzeugen von Ideen eine Checkliste, wie sie zum Quickstorming gehört (Bild 4.16).

Quickstorming ist eine Art reduziertes Brainstorming, dafür aber 3mal schneller als Brainstorming und 9mal schneller als Synektik, wie H. Morawa [Q30] behauptet. Schneller ist zwar nicht immer besser, aber mit Hilfe von Kontrollfragen wird auf jeden Fall der Ideenfluß stimuliert. Mit einer Software namens «Quickstar» läßt es sich auch am PC quickstormen. Der so gerüstete Ideensucher gehört dann zur Avantgarde des «Creative Computing» und kann sich viel genauer irren als früher.

Es gibt auch schon den Morphologischen Kasten mit PC-Unterstützung [Q31].

WA kann mehr oder minder mathematisch orientiert sein, ist aber in jedem Fall eine gute Denk- und Entscheidungshilfe und geht fließend in Rationalisierung über.

WA ist konstruktive Selbstkritik und münzt Unzulänglichkeiten in Erfolge um. Da WA stets in bereichsübergreifenden Teams betrieben wird, sind die Ergebnisse nicht nur am aktuellen Erfolg zu messen. Sie verbessern die Zusammenarbeit und Transparenz im Unternehmen und regen zu weiteren Verbesserungen an.

Allerdings ist die Einführung der WA nicht immer einfach, da sie sich gegen die bequeme Routine wendet und zunächst die «Ideenkiller» besiegen muß.

Vorteilhaft ist, wenn die WA zunächst von einem außenstehenden Berater koordiniert und geleitet wird. Durch das Lernen am realen Problem werden Kritiker überzeugt. Außerdem ist die Lehrzeit ausnahmsweise nicht teuer, sondern macht sich sofort bezahlt. Später sollte eine Stabstelle WA, die volle Unterstützung durch die Geschäftsleitung genießt, die Projekte leiten.

Polarprofile

Polarprofile sind grafische Darstellungen in einem Polarkoordinaten-System [Q4]. Sie bieten anschauliche Vergleiche zwischen Alternativen mit mehreren Zielkriterien und erleichtern durch diese Anschaulichkeit komplexe Entscheidungen.

Bei der Konstruktion der Polarprofile dienen die Zielkriterien Z_n als Achsen oder Vektoren. Die Zielerfüllungsgrade werden in Vektorrichtung aufgetragen. Bild 4.17 zeigt den so vorgenommenen Vergleich zweier Projekte. Eine unterschiedliche Gewichtung der Zielkriterien läßt sich durch unterschiedlich große Kreissegmente anzeigen (Bild 4.18).

Polarprofile haben vielfältige Anwendungen. So können sie dazu dienen, Lacke nach sechs Kriterien zu unterscheiden (Soll-Ist-Vergleiche in Bild 4.19) und daraus Schlüsse für die Entwicklung moderner, umweltfreundlicher Lacke zu ziehen (Suchfeldfestlegung). Polarprofile können auch im Personalwesen benutzt werden, um Anforderungsprofile darzustellen [Q22], wie in Bild 4.20 gezeigt.

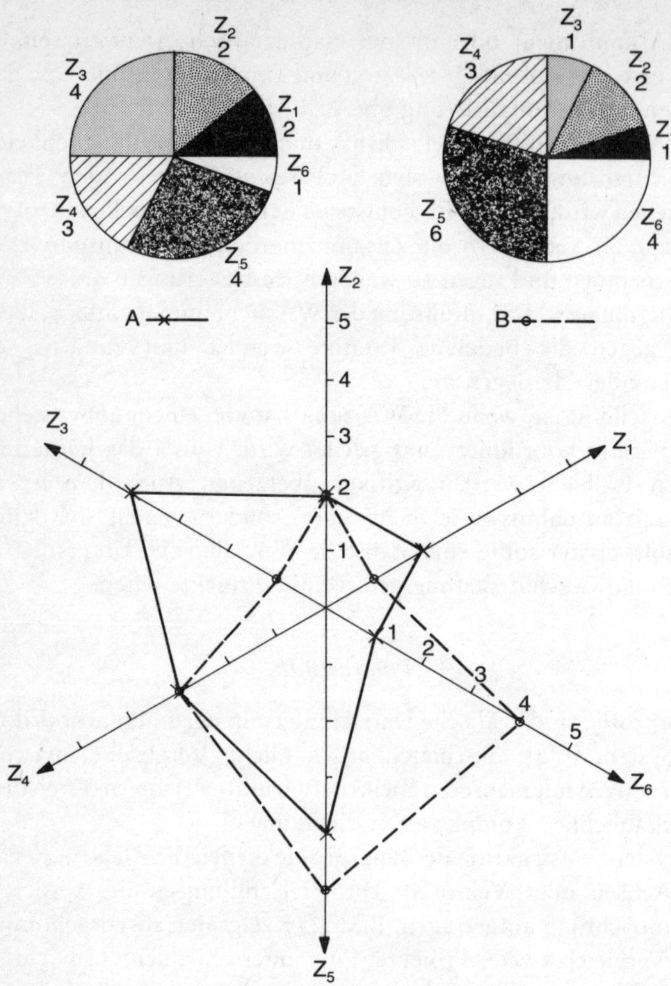

Bild 4.17 Vergleich für die Projekte A und B,
Erfüllung der Zielkriterien
oben: einzeln in Kreissegmenten
unten: zusammen im Polarprofil

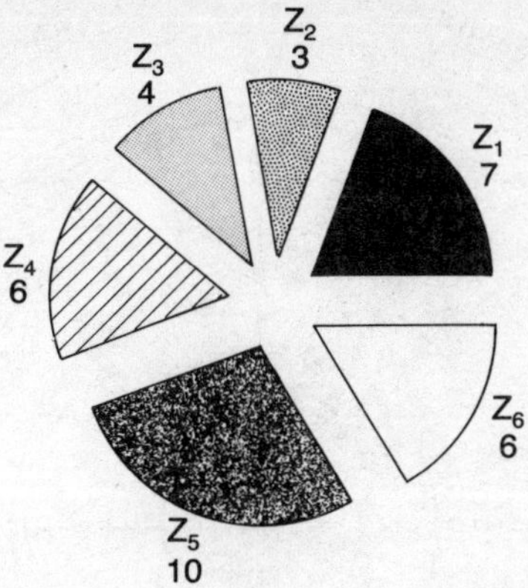

Bild 4.18 Die Größe des Kreissegments zeigt die Gewichtung der Zielkriterien

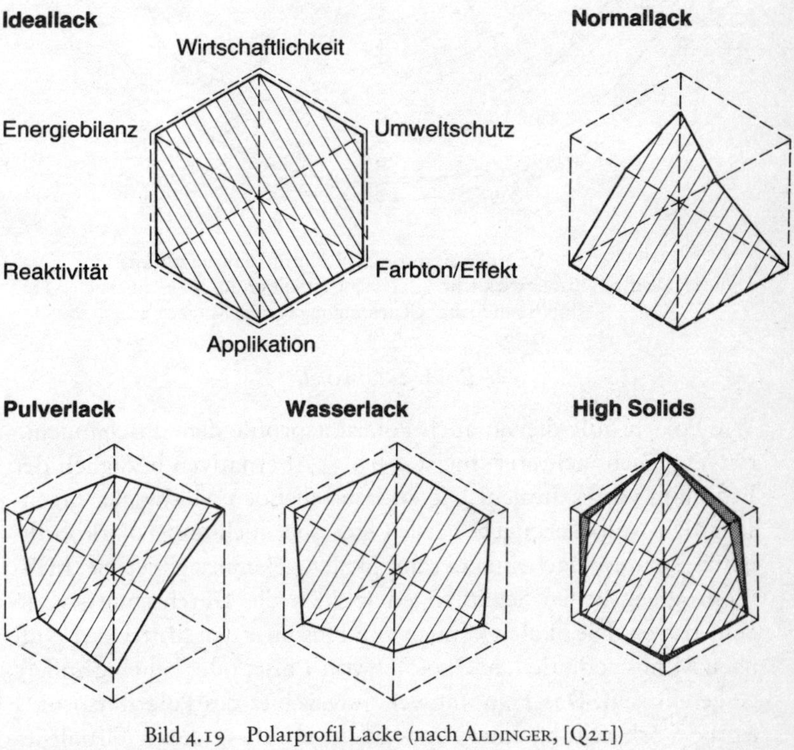

Bild 4.19 Polarprofil Lacke (nach ALDINGER, [Q21])

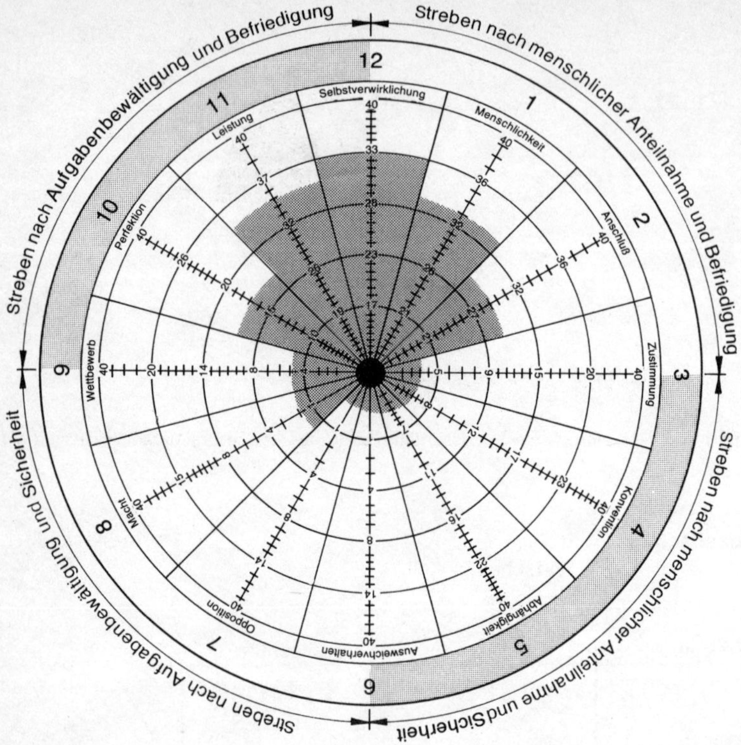

Bild 4.20 Anforderungsprofile: Idealprofil Führungskräfte
Hauptdenkstile: Selbstverwirklichung, Leistungsorientierung, Menschlichkeit [Q 22]
(mit freundlicher Genehmigung von H. May)

Polaritätsprofile

Wie Polarprofile dienen auch Polaritätsprofile dem anschaulicheren Vergleich mehrerer (meist 1 bis 3) Alternativen bezüglich der Erfüllung von Kriterien. Die zu beurteilenden Merkmale, Eigenschaften, Anforderungen werden hier aber nicht auf Polarkoordinaten, sondern nacheinander auf Skalen gekennzeichnet. Bei mehreren abgegebenen Schätzungen werden die Durchschnittswerte eingetragen. Die Skalen können von Plus über den Mittelwert Null nach Minus verlaufen, nach Noten von 1 bis 5 oder beliebig anders eingeteilt sein. Das Hauptanwendungsgebiet des Polaritätsprofils ist die Vorbereitung einer Auswahlentscheidung durch Visualisie-

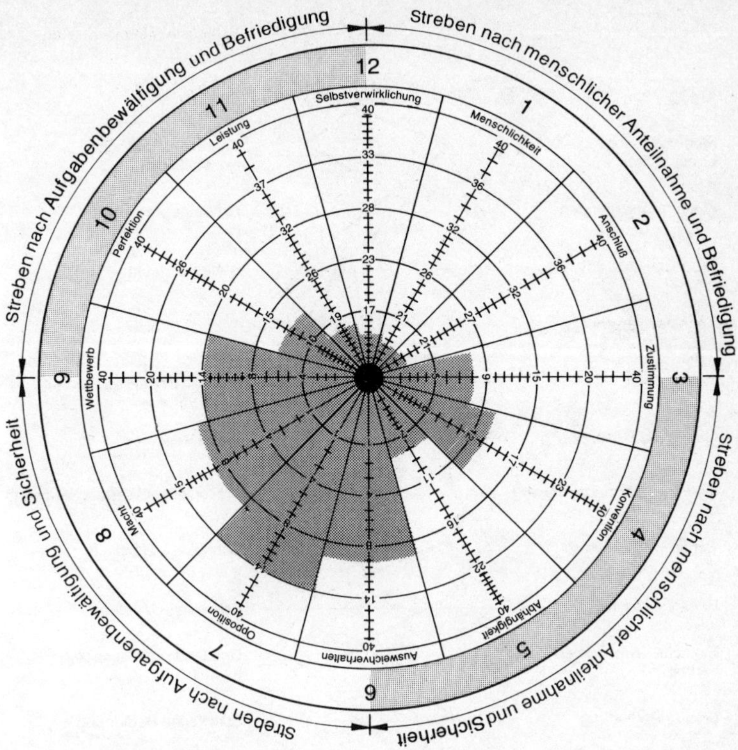

Bild 4.20 Anforderungsprofile: Problemprofil Führungskräfte
Hauptdenkstile: Opposition, Macht, Ausweichverhalten

rung. Es kann sich z. B. um eine Kaufentscheidung nach Beurteilung konkurrierender Produkte handeln (Bild 4.21), aber auch um eine Einstellungsentscheidung unter Zuhilfenahme eines Verhaltensprofils oder nach Vergleich der Verhaltensprofile fachlich vergleichbarer Bewerber mit einem definierten «idealen» Verhaltensprofil (Bilder 4.22 und 4.23). Bild 4.24 ist nur eine scherzhafte Variante.

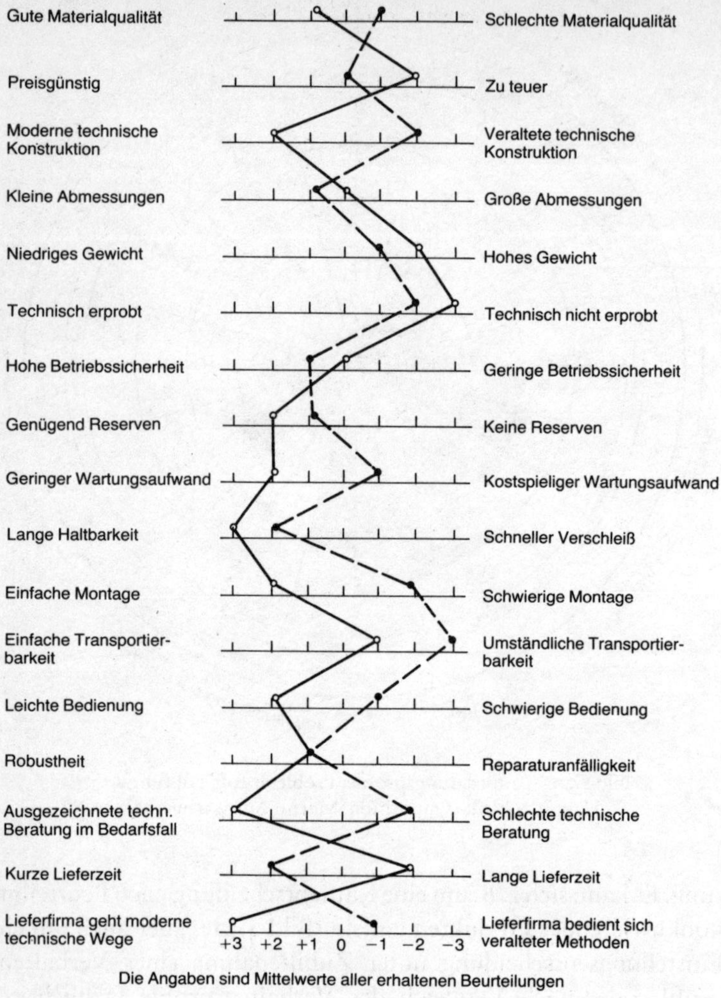

Bild 4.21 Polaritätsprofil zur Beurteilung konkurrierender Produkte [Q4]

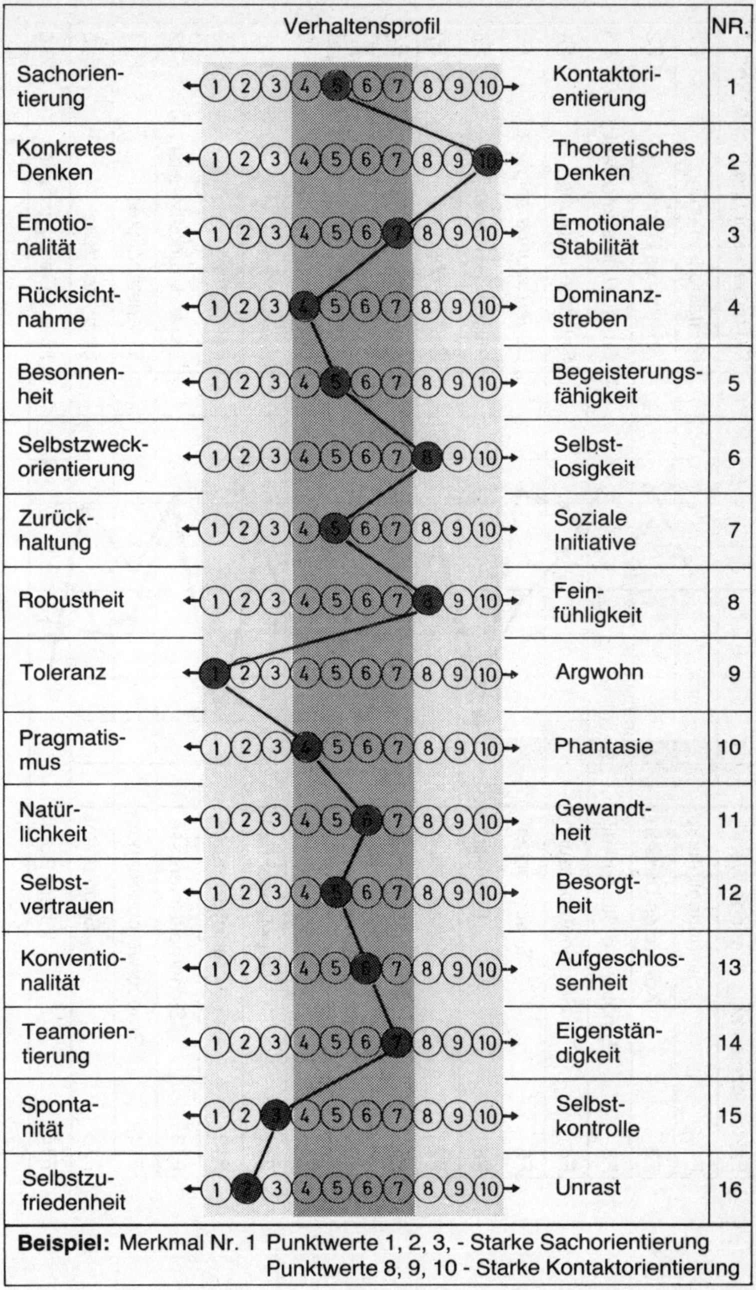

Bild 4.22 Verhaltensprofil nach KIENBAUM

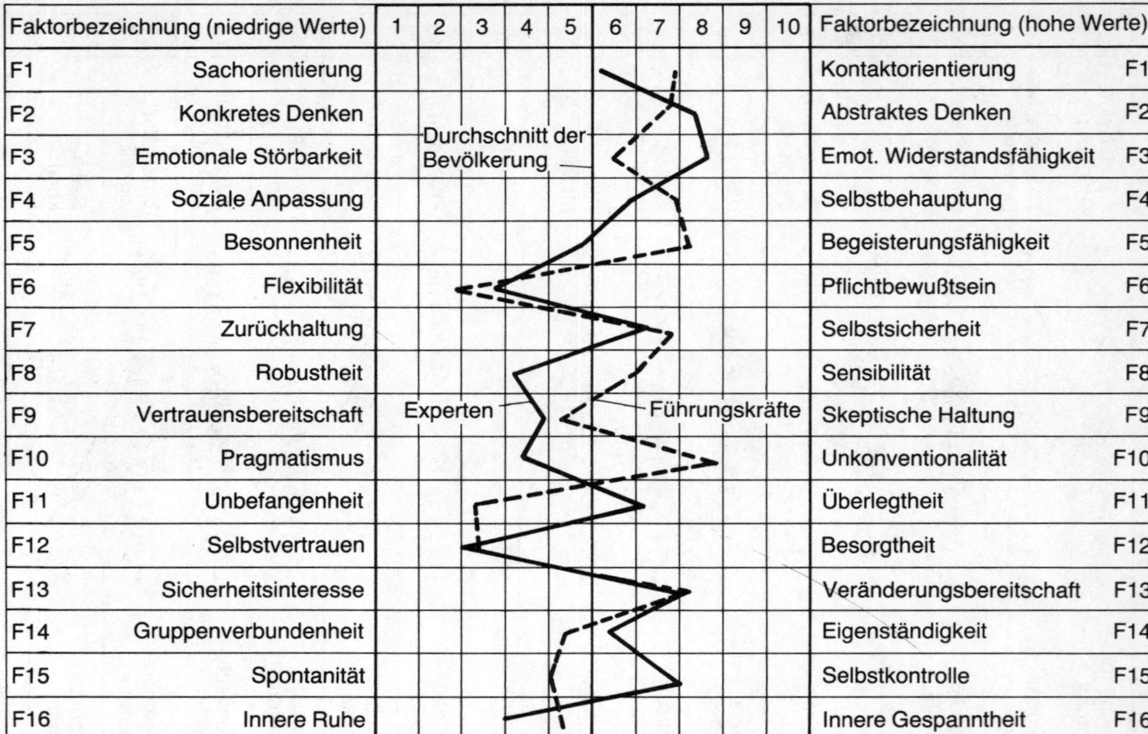

Bild 4.23 Persönlichkeitsmerkmale [Q28]

Prädikat / Merkmal	überragend	tritt hervor	befriedigend	entspricht im wesentlichen den Anforderungen	entspricht nicht den Anforderungen
Arbeitsleistung	reißt Bäume aus	reißt sich ein Bein aus	reißt sich zusammen	reißt Kalenderblätter ab	reißt vor der Arbeit aus
Schnelligkeit	erreicht Lichtgeschwindigkeit	schnell wie ein Kugelblitz	schneller als Kegelkugel	schneller als Rumkugeln	schiebt eine ruhige Kugel
Durchsetzungsvermögen	durchbricht Stahlbeton	durchbricht Mauerwerk	durchbricht die Arbeit	bricht Bleistifte ab	bricht leicht zusammen
Belastbarkeit	erledigt alles gleichzeitig	erledigt jeden Widersacher	erledigt seine Arbeit sofort	ist sofort erledigt	erledigt sein Geschäft
Kommunikationsfähigkeit	spricht mit Gott und Ebenbürtigen	spricht mit sich und Vorgesetzten	verspricht viel	verspricht sich oft	spricht guten Getränken zu
Geistige Fähigkeit	löst auf der Stelle jedes Problem	muß nachdenken, um Probleme zu lösen	hat mit Lösungen Probleme	löst Kreuzworträtsel	löst sich nur selten vom Fleck
Allg. u. dienstliches Wissen	weiß alles am besten	weiß über alles Bescheid	weiß, was er falsch macht	weiß, wann Feierabend ist	weiß, wo gerade gefeiert wird
Führungsqualitäten	ist in allem führend	führt ein strenges Regiment	verführt Sekretärinnen	führt ein angenehmes Leben	braucht häufig Abführmittel
Verhalten gegen Vorgesetzte	macht Vorgesetzte überflüssig	öffnet Vorgesetzten die Tür	grüßt Vorgesetzte stets höflich	fragt Vorgesetzte nach der Uhrzeit	parkt auf reserv. Chef-Parkplatz

Bild 4.24 Entscheidungshilfe für Beurteilungen (Quelle: Hermes intern)

Bild 4.24a Wenn Wichtiges auch noch dringend wird (nach einer Illustration von HANS HILLMANN, mit freundlicher Genehmigung des FAZ-Magazins)

Qualitative Gruppierung und Rangreihenbildung

Prioritäten setzen [Q14]

Viele Entscheidungen sind einfach, wenn einmal die Scheu überwunden ist, Prioritäten festzulegen. Oft besteht das Entscheidungsproblem überhaupt *nur* darin, eine Priorität zu erkennen. Priorität wird bestimmt durch

- □ Wichtigkeit (Kosten, Gewinn, Gefahr abwenden, Zielerfüllung),
- □ Dringlichkeit (Zeit),
- □ Tendenz.

Je nach hierarchischer Ebene im Betrieb hat dabei jeder Aspekt eine andere Wertigkeit. Grob gesagt: Der Vorstand legt den Grundkurs des Firmenschiffes fest (wichtig), die Mannschaft umschifft kleinere Felsen (dringend). Die Beachtung der Wichtigkeit ist eine aktive, freiwillige Maßnahme, die der Dringlichkeit eine reaktive, unfreiwillige. Denn: Wer kein Ziel hat, für den ist jeder Weg richtig.

Oder: Ein Schachspieler kommt nach einem gedankenlosen Zug immer wieder in Zugzwang und findet deswegen keine Gelegenheit zur Durchsetzung oder Entwicklung der eigenen Konzeptionen.

Bei der Abschätzung von Prioritäten besteht also oft die Gefahr, daß das Dringliche das Wichtige übertönt. Das Beispiel mit dem Firmenschiff am Felsen zeigt aber auch, daß Dringlichkeit im letzten Moment zur Wichtigkeit wird.

Wie kann man trotzdem Klarheit gewinnen?

Folgende Matrix, die angeblich [Q29] auf den ehem. US-Präsidenten Dwight D. Eisenhower zurückgeht, hilft systematisieren:

	Wichtigkeit	
Dringlichkeit	hoch	niedrig
hoch	Mache ich selbst sofort	Delegiere ich
niedrig	Mache Plan dafür	Weg oder Ablage

Noch besser eignet sich eine Matrix in den drei Vorrangigkeitsstufen hoch, mittel und niedrig:

	Wichtigkeit		
Dringlichkeit	hoch	mittel	niedrig
hoch	A	B	B
mittel	B	B	C
niedrig	B	C	C

Mögliche Fragen zur Abschätzung sind (Bilder 4.25 und 4.26):

SITUATIONSANALYSE SA

Lfd. Nr.	Welche Situation zwingt Sie zum Handeln? Wo müssen Sie eingreifen? (Welche AUFGABEN wurden Ihnen gestellt? Sind die AUFGABEN eindeutig und klar definiert oder müssen sie PRÄZISIERT und ZERGLIEDERT werden?)	Welche KOSTEN fallen an? BEDEUTUNG (H-M-N)	Wieviel ZEIT haben Sie? DRING-LICHKEIT (H-M-N)	Welcher VERLAUF zeigt sich? TENDENZ (↗ → ↘)	Priorität (A-B-C)	Zuordnung der Situation zum Denkprozeß LOKALI-SIEREN (PA-EA-APP)
1.						
2.						
3.						
4.						
5.						
6.						
7.						
8.						
9.						
10.						
11.						
12.						
13.						
14.						
15.						

Bild 4.25 Situationsanalyse

PROBLEMANALYSE (Ursachenfindung) PA

Abweichung: (Definition) — Hypothesen:

		IST (Problembereich)	IST NICHT (Könnte aber auch sein)	BESONDERHEITEN (Nur für den Problembereich zutreffende Fakten)	VERÄNDERUNGEN	DAT.	1.	2.	3.	4.	5.	6.	7.
Was	Ist das betroffene Objekt												
	Ist der Defekt												
Wo	am Objekt aufgetr.												
	geografisch												
	dort beobachtet												
	dort aufgetret.												
	dort berichtet												
Wann	aufgetreten												
	beobachtet												
	berichtet												
Wieviel	am Objekt												
	Stückzahl												
	%												
	Tendenz												

Bild 4.26 Problemanalyse (Ursachenfindung)

PROBLEMANALYSE (Ursachenfindung) PA 1

Abweichung (Definition Objekt und Defekt)			
		IST (Problembereich)	IST NICHT (Könnte aber auch sein)
WAS	ist das betroffene Objekt		
	ist der Defekt		
WO	am Objekt aufgetreten		
	geografisch		
	dort beobachtet		
	dort aufgetreten		
	dort berichtet		
WANN	aufgetreten		
	beobachtet		
	berichtet		
WIEVIEL	am Objekt		
	Stückzahl		
	%		
	Tendenz		

Bild 4.26a

PA 2

BESONDERHEITEN (Nur für den Problembereich zutreffende Fakten)	VERÄNDERUNGEN	Datum

Bild 4.26b

PA 3

1.	2.	3.	4.	5.	6.	7.	8.	HYPOTHESEN
								1.
								2.
								3.
								4.
								5.
								6.
								7.
								8.

Bild 4.26c

☐ Wichtigkeit (Kosten)
Welches Ausmaß?
Wie hoch sind die Kosten?
Wieviel ist betroffen?
Wie groß ist der Schaden?
Welche Folgen können eintreten?

☐ Dringlichkeit (Zeit)
Wer will was wie dringend wissen?
Wie dringend ist die Situation jetzt?
Was bedeutet Aufschieben?

☐ Tendenz (Verlauf)
Wie ist der Verlauf in Vergangenheit, Gegenwart, Zukunft?
Warum wird die Situation günstiger/ungünstiger?

Die Tendenz wird bei Dringlichkeit oder Wichtigkeit berücksichtigt. Die ausgefüllte Matrix gilt nur für den augenblicklichen Informationsstand. Zu diesem Zeitpunkt ist die Aktion A vorrangig.

☐ *Prioritäten setzen nach der 80/20-Regel [Q15]*
Der italienische Ökonom Vilfredo Pareto († 19.08.1923) adaptierte aus der Mathematik bekannte Verteilungskurven in der Wirtschaftstheorie. Er entdeckte, daß

- 80 % des Besitzes in den Händen von 20 % der Bevölkerung waren,
- 80 % (oder mehr) der Kriminalität von 20 % (oder weniger) der Mitmenschen verübt wurde.

Andere Beobachtungen zeigen, daß

- ein Planet, nämlich Jupiter, das meiste an Orbitalmasse unseres Sonnensystems besitzt,
- wenige biologische Arten den größten Anteil der tierischen Population ausmachen,
- die meisten Lagerhaltungskosten einer Firma von nur wenigen Produkten des Lieferprogramms verursacht werden,
- die meisten Produktbeanstandungen auf eine sehr geringe Anzahl von Fehlern zurückzuführen sind.

Wie kann man das Pareto-Gesetz als Entscheidungshilfe nutzen? Es hilft uns, das Essentielle («vital few») vom Banalen («trivial many») zu trennen. Dabei kommt es weniger auf das genaue Verhältnis von 80 zu 20 an, sondern vielmehr auf das qualitative Konzept: Ein kleiner Teil des Ganzen liefert den größten Beitrag.

Beanstandung wegen Abweichung bei	Betroffene Produktmenge (kg)
1. Farbe	82
2. Transparenz	574
3. Konzentration	246
4. Spezifisches Gewicht	164
5. Molekulargewicht	82
6. Restmonomer	41
7. Faßeinwaage	4920
8. Löslichkeit	328
9. Topfzeit	123
10. Wassergehalt	1640
	8200

Bild 4.27 Beispiel für die Konstruktion des Pareto-Diagramms: (Fiktiver) Monatsbericht der Qualitätskontrolle

Ausgehend vom wie in Bild 4.27 aufbereiteten Monatsbericht sind nun folgende Schritte zu tun:

1. Ordnen der Beanstandungen nach Produktmenge
2. Umrechnung der Produktmengen in % und % kumuliert (Bild 4.28)
3. Skalen für die senkrechten Achsen des Pareto-Diagramms festlegen, links Produktmenge, rechts %
4. Skala für waagrechte Achse markieren. Abweichungsursachen in der Reihenfolge der Schadensverursachung als Säulen gleicher Breite.
5. Kumulative Kurve zeichnen (Bild 4.29)

In diesem vereinfachten Beispiel sind die Ursachen für Beanstandungen leicht zu erkennen. Möglicherweise sind die Ursachen für Ertragseinbußen jedoch komplexer oder woanders zu suchen bzw.

Beanstandung wegen Abweichung bei	Betroffene Produkt-menge (kg)	%	% kumu-liert
Faßeinwaage.	4920	60	60
Wassergehalt	1640	20	80
Transparenz	574	7	87
Löslichkeit	328	4	91
Konzentration	246	3	94
Spezifisches Gewicht . .	164	2	96
Topfzeit.	123	1,5	97,5
Molekulargewicht	82	1	98,5
Farbe.	82	1	99,5
Restmonomer	41	0,5	100
	8200	100	

Bild 4.28 Aufbereitung für das Pareto-Diagramm

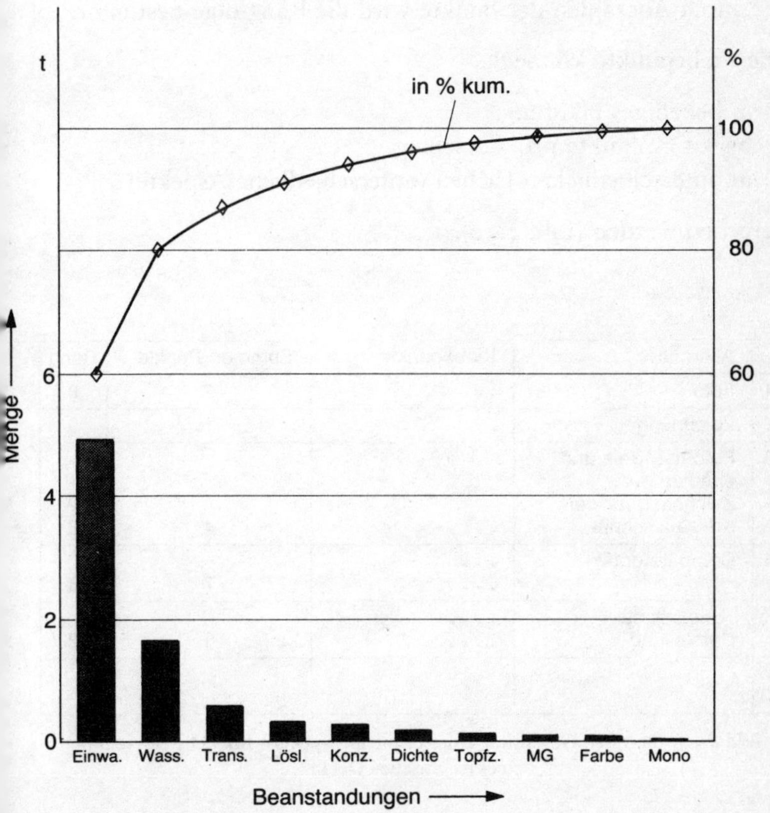

Bild 4.29 Pareto-Diagramm Beanstandete Menge

erfordern ein anderes Pareto-Diagramm. Die Diagramme ermöglichen jedenfalls eine verbesserte Transparenz und stellen zugleich eine Dokumentation der Optimierungsbemühungen dar.

Punkt-Klebeverfahren [Q4]

Das Verfahren eignet sich zur spontanen Bewertung von Alternativen oder zur Festlegung der Rangfolge. Die Bewertung wird in einer Gruppe durchgeführt.

1. Die Alternativen werden als Zettel an eine Wand geheftet.
2. Die Zielsetzung wird besprochen.
3. Jeder Teilnehmer erhält z. B. 5 Klebepunkte.
4. Die Teilnehmer kleben ihre Punkte auf.
5. Durch Auszählen der Punkte wird die Rangfolge bestimmt.

Die Klebepunkte können

- □ in beliebiger Häufung,
- □ bis zu × Punkte pro Vorschlag,
- □ in unterschiedlichen Farben (unterschiedliche Aspekte)

vergeben werden (Bild 4.30).

	Alternative	Klebepunkte	Summen Punkte	Rang
1	Foto	• •	2	8
2	Zeichnung	•	1	9
3	Foto mit Kreis und erläuternder Zeichnung für den Kreisausschnitt	• • • •	4	6
4	Computergrafik	• • • • • • •	7	3
5	«Explosions»-Darstellung	• • • • • • • •	8	2
• •				

Bild 4.30 Beispiel: Gestaltung eines Firmenprospekts – Bildliche Darstellung eines technischen Details

In der Praxis zeigt sich, daß durchschnittlich

20 % der Produkte ca. 70 % des Umsatzes ausmachen (A),
40 % der Produkte ca. 20 % des Umsatzes ausmachen (B),
40 % der Produkte ca. 10 % des Umsatzes ausmachen (C).

Nach dem Verkäuferwort «Fischen, wo die Fische sind» sollte man also bei Einsparungen zunächst an die A-Güter denken.

Beispiel: Eine Firma kauft für 10 Millionen DM Verpackung ein. Eine Einsparung von 5 % bei diesem A-Gut bedeutet 500 000 DM. Bei der Beschaffung von Keksen für Besprechungen mit Besuchern (36 000 DM) hat man 20 % eingespart. Das entspricht 7 200 DM bei einem C-Gut.

Das Bewertungskriterium muß nicht immer der Umsatz sein. Es kann sinnvoller sein, nach Gewinnbeitrag, Absatzmenge, Lagerwert zu klassifizieren. Schließlich lassen sich Produkte auch nach Planbarkeit einstufen. So kann man definieren:

X: Artikel mit nahezu konstantem Verbrauch (gute Vorhersehbarkeit des Bedarfs)
Y: Artikel mit saisonal oder trendmäßig schwankendem Verbrauch (erschwerte Prognose)
Z: Artikel mit stark schwankendem Verbrauch (sehr unsichere Prognose)

Die ABC-XYZ-Analyse ist eine interessante Kombination und dient als Entscheidungshilfe z. B. bei Lagerhaltungsproblemen (Bild 4.32).

Das Verfahren hilft in diesem Fall, zwischen Vorratshaltung, Einzelbeschaffung im Bedarfsfall oder fertigungssynchroner Anlieferung für A-, B- oder C-Güter zu entscheiden.

Wie alle Verfahren ist auch die ABC-Analyse keine Methode, die «blindlings» zum Erfolg führt. Bei der schematischen Anwendung kann leicht übersehen werden, daß z. B.:

- ☐ auch große Produkte einmal klein waren,
- ☐ die Summe der Kleinumsätze weniger krisenanfällig ist, Monopole aber angreifbar sind.

Für und Wider von Lagerbeständen	
FÜR	WIDER
Wenn eine Unternehmung durch Aufbau von Lagerbeständen folgende Effekte erzielen will	Wenn eine Unternehmung durch Senkung von Lagerbeständen folgende Effekte vermeiden will
– Größendegressionseffekte bei Einkauf, Transport oder Produktion von Gütern – Mengenrabatte bei Lieferanten – Transportkonditionen bei Spediteuren – in Distributions-Lagern günstigere Transportkonditionen für größere Transportmengen – Ausgleich zwischen Angebot und Nachfrage – Spezialisierungserleichterung in der Produktion, wenn durch Just-in-time keine einsatzsynchrone Anlieferung möglich ist – Spekulation – bei erwartetem Anstieg der Güterpreise – Sicherungsfunktion – z. B. Prognoseproblem – Ausgleichsfunktion – Sortierfunktion – veränderte Reihenfolge von zu- und abfließenden Lagerobjekten – Flexibilitätsfunktion – aus wenigen Zwischenprodukten eine Vielzahl von Endprodukten nach Kundenwünschen zu fertigen – Lieferzeitverkürzungsfunktion – aus Zwischenprodukten Endprodukte komplettieren usw. – Substitutionsfunktion – Lagerung von Fertigfabrikaten durch Halbfabrikate ersetzen – Aussortierungsfunktion – Veredelungsfunktion – Akquisitionsfunktion	– Kapitalbindung – Liquiditätsverluste – Stabilitätsverluste der Eigenkapitalquote – Schwierigkeiten der Umwandlung von Umlaufvermögen in Anlagevermögen – Rentabilitätsverluste – Lagerhaltungskosten – Absinken der Umschlaghäufigkeit – Schlupfressourcen-Bildung – Bildung von überhöhten Sicherheitsbeständen – Überschreitung von Lagerhöchstbeständen – Transformation der Information durch Bestände – Wachstumshemmnisse

Bild 4.31 Lagerbestände [Q16]

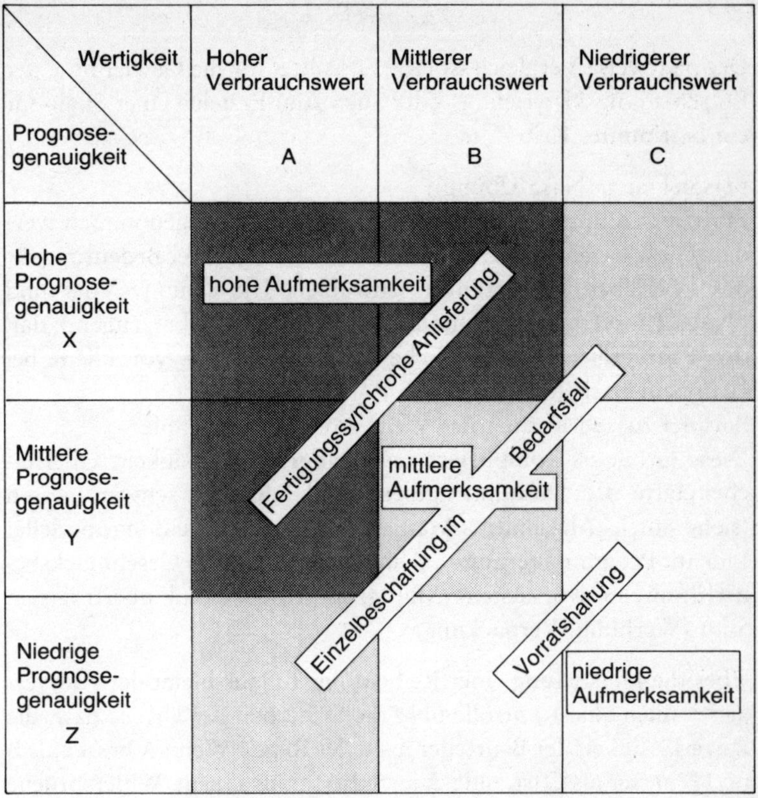

Bild 4.32 Kombination der wertmäßigen Bedeutung und der Prognosegenauigkeit des Verbrauchs [Q16]

Ein interessantes Beispiel dafür, wie man von C-Gütern ausgehend erfolgreich A-Märkte erobert, liefert eine bekannte Hemdenfirma. Obwohl teure Hemden nur einen kleinen Teil des Geschäfts ausmachten, wagte es die Firma, sich ganz auf dieses Segment zu spezialisieren.

Sie setzte einen besonderen Knopf als Erkennungszeichen ein (der dem Verbraucher allenfalls Prestigevorteile bringt) und gewann die A-Kunden – jene 20 % der Bevölkerung, die 80 % Umsatz bewirken. Inzwischen mag dieses Unternehmen, wie auch eine Autonobelmarke, darüber nachsinnen, was sich bei B-Gütern tun ließe.

Paarvergleich

Der paarweise Vergleich ist ein Hilfsmittel für die Gewichtung der Entscheidungskriterien (1) oder auch zum Erzielen einer Skala für ein bestimmtes Kriterium (2).

Beispiel zu 1 (Nasa-Übung):
Für einen Raumflug können 15 Gegenstände mitgenommen werden. Diese Gegenstände sind in der Reihenfolge ihrer Bedeutung für das Überleben im Notfall auszuwählen. Die Übung «Vor» und «Nach Paarvergleich» demonstriert gewöhnlich überzeugend, daß der Paarvergleich das Entscheiden erleichtert – vor allem bei Gruppenentscheidungen.
Beispiel zu 2: Messung des Weißeindrucks von Papier
Diese Größe ist kompliziert aus Weißgrad, Wolkigkeit, Oberflächenglätte u. a. zusammengesetzt und läßt sich schwer messen (siehe auch Abschnitt «Mathematische Entscheidungsmodelle: Lineare Programmierung»). Ähnliches gilt für die Geschmacksbeurteilung im wörtlichen (Margarine-Aroma) und übertragenen Sinn (Werbung, Verpackung).

Über die Herstellung einer Reihenfolge hinaus bietet der Paarvergleich auch eine Kontrolle über die Sicherheit des Urteils bzw. die Zuverlässigkeit der Beurteiler nach der Regel: Wenn A besser als B und B besser als C ist, muß A auch besser als C sein. Widersprüche beim Paarvergleich lassen also entweder darauf schließen, daß die Merkmale nicht genügend unterscheidbar sind oder daß der Beurteiler nicht geeignet ist.

Die zu bewertenden Alternativen werden in einer Matrix so angeordnet, daß jede mit jeder in einem Feld verglichen werden kann. Dazu kann man sich verschiedene Formblätter vorbereiten, wie die Bilder 4.33 und 4.34 zeigen.

In jedes Matrixfeld wird die jeweils vorgezogene Alternative eingetragen, also bei der Nasa-Übung der wichtiger erscheinende Gegenstand oder bei der Weißeindruck-Festlegung das weißere Papier.

Die Häufigkeit der Alternativen-Nennungen in den Feldern ergibt eine Rangfolge.

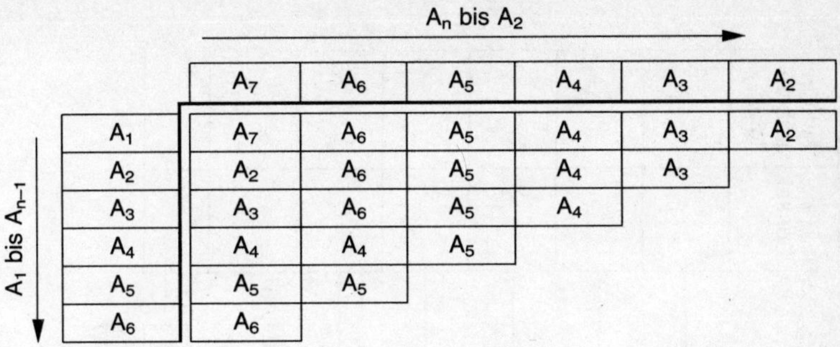

Alternative	Im Vergleich bevorzugt	Rang
A_5	6×	1.
A_4	5×	2.
A_6	4×	3.
A_3	3×	4.
A_2	2×	5.
A_7	1×	6.
A_1	0×	7.

Bild 4.33 Beispiel für einen Paarvergleich

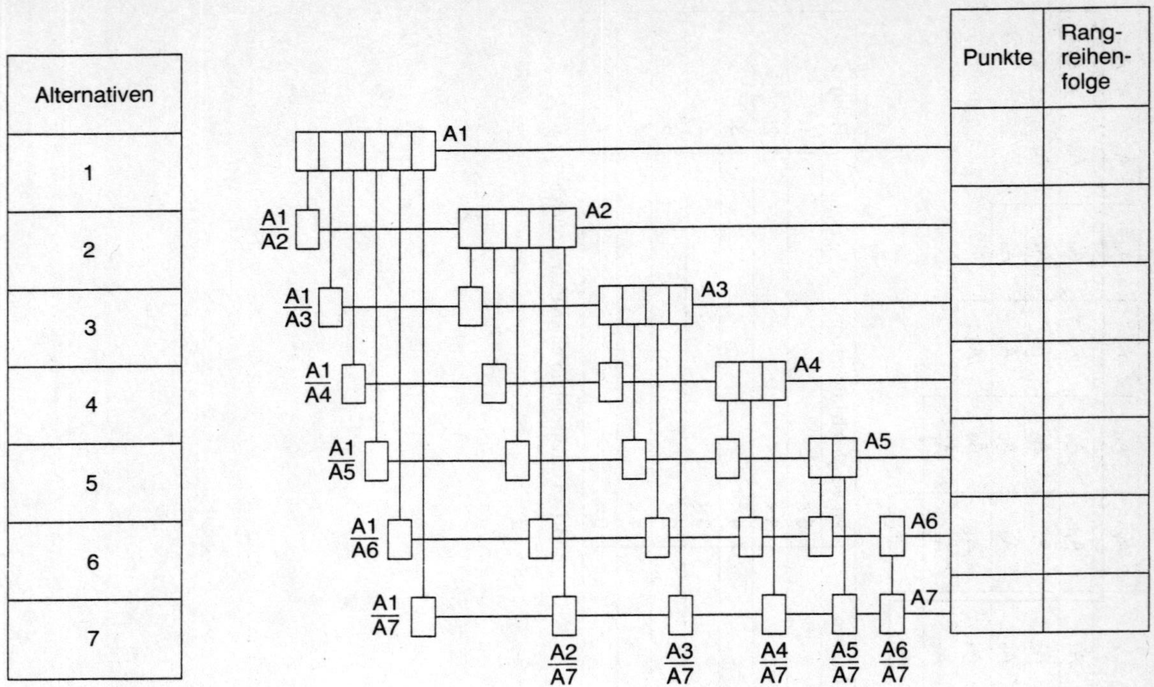

Bild 4.34 Formular für Paarvergleich [Q14]

Bild 4.34a Rangliste A: Vor Paarvergleich
Bild 4.34b Rangliste B: Nach Paarvergleich

Entscheidungsstudie «Nasa-Übung» [Q4]

Sie gehören einer Raumfahrergruppe (4 Personen) an. Sie hatten den Auftrag, sich mit dem Mutterschiff auf der beleuchteten Mondoberfläche zu treffen. Wegen technischer Schwierigkeiten mußte Ihr Raumschiff 300 km entfernt vom Mutterschiff notlanden. Während der Landung ist viel von der Bordausrüstung zerstört worden. Ihr Überleben hängt davon ab, daß Sie das Mutterschiff zu Fuß erreichen. Sie dürfen nur das Allernotwendigste mitnehmen, um diese Strecke bewältigen zu können.

Nachstehend finden Sie eine Aufzählung von 15 Dingen, die unzerstört geblieben sind. Ihre Aufgabe besteht darin, eine *Rangordnung der Gegenstände* festzulegen, so wie diese für das Überleben und den Fußmarsch der Gruppe zum Mutterschiff mehr oder weniger wichtig sind. Ordnen Sie dabei der allerwichtigsten Position die Zahl 1 zu, der nächstwichtigen die Zahl 2 usw., bis alle Positionen entsprechend ihrer Wichtigkeit gewertet sind.

Die in eine Rangfolge zu bringenden Gegenstände sind:

1. Eine Schachtel Streichhölzer
2. 1 Dose Nahrungskonzentrat
3. 15 m Nylonseil
4. 30 qm Fallschirmseide
5. Ein tragbarer Kocher
6. 2 Pistolen, Kaliber 7,65 mm
7. Eine Dose Trockenmilch
8. 2 Tanks à 50 l Sauerstoff
9. 1 Sternkarte (Mondkonstellation)
10. 1 Schlauchboot mit CO_2-Flaschen
11. 1 Magnetkompaß
12. 20 Liter Wasser
13. Signalfeuer, brennt auch im luftleeren Raum
14. 1 Erste-Hilfe-Koffer mit Injektionsnadeln
15. 1 FM-Sender und Empfänger, betrieben mit Sonnenbatterien

Dies ist eine Kommunikationsübung, die der Herbeiführung von realitätsnahen Beschlüssen dient. Ihre Gruppe soll mit Einstimmigkeit beschließen. Das bedeutet, daß der Rangplatz für jede einzelne Position einstimmig festgelegt werden muß. Einstimmigkeit ist schwer zu erzielen. Deshalb wird nicht jeder Rangplatz jeden einzelnen voll befriedigen. Versuchen Sie trotzdem, die Rangordnung so zu erstellen, daß alle einigermaßen damit einverstanden sein können. Hier einige Richtlinien.

- □ Vermeiden Sie, Ihre persönliche Entscheidung den anderen aufzuzwingen. Argumentieren Sie mit Logik.
- □ Vermeiden Sie nachzugeben, bloß um Einstimmigkeit zu erzielen oder Konflikten auszuweichen. Unterstützen Sie nur dann andere Ansichten, wenn sie mit Ihren wenigstens teilweise übereinstimmen.
- □ Vermeiden Sie Konfliktlösungstechniken, wie Mehrheitswahl, Mittelwertberechnungen oder Kuhhandel (wenn Du mir, dann ich Dir).
- □ Betrachten Sie abweichende Meinungen eher als einen nützlichen Beitrag, statt sie als störend zu empfinden.

Versuchen Sie, in der vorgegebenen Zeit fertig zu werden.

Bewertungsdelphi [Q4]

Dieses Bewertungsverfahren sieht folgenden Ablauf vor:

1. Gewinnung von Experten, die untereinander anonym bleiben sollen.
2. Zusammenstellung von Formularen für die Experten. Die Formulare enthalten die Zielsetzungen und die Alternativen für die Problemlösung.
3. Die einzelnen Experten bewerten die Alternativen, indem sie eine Rangfolge aufstellen und diese begründen.
4. Die Experten-Bewertungen werden gesammelt und zusammengefaßt.
5. Die Zusammenfassung wird dem einzelnen Experten mit der Bitte um Neubewertung vorgelegt.
6. Einsammeln der Ergebnisse und Endauswertung.

Besondere Verfahren der Projektbewertung

Entscheidungstheorie nach Reul *[Q8]*

Besonders Forschungsprobleme werden mitunter so lange bearbeitet, bis eine perfekte Lösung vorliegt. Es kann vernünftiger sein, eine der möglichen Lösungen ökonomisch rechtzeitig anzubieten oder das Projekt abzubrechen. Nach Reul kann man die Wirtschaftlichkeit eines Projekts messen und zeitlich verfolgen.

Man kann Forschungsprojekte nach Wert und Risiko einteilen:

Projektart	Wertangabe	Mißerfolgsrisiko
1	+	−
2	−	−
	−	+
3	+	+

1. *Projekte mit Wertangabe ohne Mißerfolgsrisiko*
Hier handelt es sich um Projekte, deren Lösungswert wir kennen und an deren Erfolg wir nicht zweifeln. Hierzu gehören manche Meß- und Analysenaufgaben. Zur Wirtschaftlichkeit solcher Projekte kann nur gesagt werden, daß die kumulierten Ausgaben A für das Projekt den geschätzten Wert E nicht überschreiten dürfen. Unter E kann man auch die geschätzten kumulierten Einnahmen aufgrund des erfolgreichen Projektabschlusses verstehen.

Zu den Ausgaben A gehören Projektkosten in der Forschung, Anlagekosten in der Fabrik, Kosten bei Übertragung eines Verfahrens vom Labor ins Technikum oder in die Produktion.

$$A \overset{!}{\leq} E$$

2. *Projekte ohne Wertangabe, mit oder ohne Mißerfolgsrisiko*
Dies sind sogenannte Grundlagenprojekte, bei denen man bewußt auf Wirtschaftlichkeitserwägungen verzichtet.

3. *Projekte mit Wertangabe, mit Mißerfolgsrisiko*

Nur von diesen Projekten soll nun die Rede sein.

Es wird angenommen, daß eine Analogie zwischen einem «Alles-oder-Nichts-Glücksspiel» und unserem Projekt besteht. Betrachten wir zuerst ein Glücksspiel, das wir über mehrere Runden gegen eine Bank spielen. In der Tabelle sind eine Reihe von Ereignissen und die Wahrscheinlichkeiten ihres Eintretens zusammengestellt.

Ereignis	Wahrscheinlichkeit
Erfolg der einzelnen Runde	p
kein Erfolg der einzelnen Runde	$1-p$
kein Erfolg bei n Runden	$(1-p)^n$
mindestens ein Erfolg bei n Runden	$P = 1-(1-p)^n$

Sind die Erfolgswahrscheinlichkeiten der einzelnen Runden unterschiedlich, so gilt folgende Tabelle:

Ereignis	Wahrscheinlichkeit
Erfolg der i-ten Runde	p_i
kein Erfolg der i-ten Runde	$1-p_i$
kein Erfolg bei n Runden	$(1-p_1)(1-p_2)\ldots(1-p_n) = (1-p)^{n}$*
mindestens ein Erfolg bei n Runden	$P = 1-(1-p)^n$

* $1-p$ ist das geometrische Mittel der Mißerfolgsrisiken $1-p_i$.

Als Beispiel betrachten wir ein Würfelspiel: Wer die 6 würfelt, erhält 100 DM. Wer eine andere Zahl würfelt, bekommt nichts. – Wie viele Runden (einzelne Würfe) muß ich spielen, wenn ich mit 99,9 % Wahrscheinlichkeit mindestens einen Erfolg, d. h. mindestens einen Gewinn von 100 DM haben möchte?

$$0{,}999 = 1 - (1 - 1/6)^n$$
$$0{,}999 = 1 - (5/6)^n$$
$$0{,}001 = (5/6)^n$$
$$\lg 0{,}001 = n \lg 5/6$$
$$n = \lg 0{,}001 : \lg 5/6 = -3 : -0.08 = 38$$

Lösung: $P = 0{,}999$ und $P = 1/6$ ergibt $n = 38$.

Wenn ich erwarte, daß ich durch den Gewinn meinen Einsatz decke, wieviel (x DM) darf dann die einzelne Runde kosten? –

Lösung: $X \times 38 = 100$,
$X = 100:38 = 2{,}63$ DM

Allgemein muß

$$n = E/a = \text{Einnahmen bei Erfolg/Ausgaben pro Runde}$$

sein, wenn die Gewinnschwelle erreicht oder übertroffen werden soll. Somit ist die Wahrscheinlichkeit, die Gewinnschwelle zu erreichen oder zu übertreffen:

$$P = 1 - (1-p)^{E/a}$$

Die Größe P nennt Reul «measured survival function» («Überlebensmaß»). Das Verlustrisiko ist

$$R = 1 - P = (1-p)^n$$

Jetzt können wir die Analogie zum Projekt herstellen:

Alles-oder-Nichts-Spiel	Projekt
Runde	Lösungsweg
Gewinn E	Einnahme bei Erfolg E[1]
Einsatz pro Runde a	Ausgabe pro Lösungsweg a
Zahl der Runden E/a	Zahl der Lösungswege E/a
Erfolgswahrscheinlichkeit der einzelnen Runde p	Erfolgswahrscheinlichkeit des einzelnen Lösungswegs p[2]
Wahrscheinlichkeit, die Gewinnschwelle zu erreichen P	Wahrscheinlichkeit, die Gewinnschwelle zu erreichen P

1 Gewinn nach Steuern

2 Berechnet aus dem geometrischen Mittel der Mißerfolgsrisiken der Lösungswege, wenn diese Mißerfolgsrisiken sich unterscheiden. Praktischen Sinn hat nur der Fall nahezu gleichwertiger Lösungswege, denn schlecht bewertete Lösungswege werden doch nicht beschritten.

Die Erfolgswahrscheinlichkeit p ist das Produkt von mindestens drei Wahrscheinlichkeiten:

□ Wahrscheinlichkeit für technischen Erfolg des Lösungswegs p_t
□ Wahrscheinlichkeit für Akzeptanz des technischen Erfolgs durch die Firma p_a
□ Wahrscheinlichkeit für Marketing-Erfolg p_m

$$p = p_t \times p_a \times p_m$$

Bei der Schätzung von p_m muß die mutmaßliche Konkurrenzsituation berücksichtigt werden. Solche Überlegungen muß man frühzeitig anstellen, bevor viel Geld verbraucht ist.

Praktisch würde man so vorgehen:

1. Schätzung der Einnahmen im Erfolgsfalle E
2. Festlegung des Verlustrisikos R
3. Schätzung der Erfolgswahrscheinlichkeit
   $p = p_t \times p_a \times p_m$
4. Aus $(1-p)^{E/a} = R$
   folgt $a/E = \lg(1-p)/\lg R$

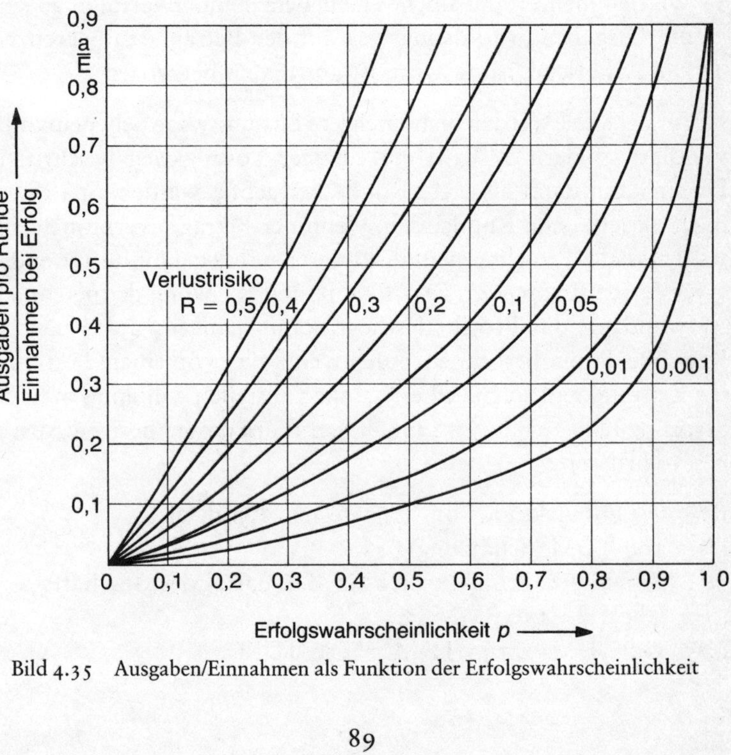

Bild 4.35 Ausgaben/Einnahmen als Funktion der Erfolgswahrscheinlichkeit

Damit liegt auch die Zahl n = E/a der nebeneinander zu verfolgenden Lösungswege fest.

In Bild 4.35 ist a/E als Funktion von p mit R als Parameter dargestellt. Bei gegebener Erfolgswahrscheinlichkeit nimmt das Verlustrisiko mit wachsenden Ausgaben zu. Haben wir uns aber für ein bestimmtes Verlustrisiko entschieden, so kann man pro Lösungsweg um so höhere Ausgaben riskieren, je höher die Erfolgswahrscheinlichkeit ist. Bei hoher Erfolgswahrscheinlichkeit kann a/E > 0,5 werden. Dann wird nur ein Lösungsweg beschritten. Formal kann sogar a/E > 1 werden. Das ist natürlich unsinnig. Es bedeutet, daß das Verlustrisiko unnötig hoch gewählt wurde. Bleiben wir bei dem vorgewählten Verlustrisiko, können wir den vollen Einsatz E in den beschrittenen Lösungsweg investieren.

Praktischer als die Kurven im Bild 4.35 sind die Geraden in der einfach logarithmischen Darstellung, Bild 4.36.

Die Konsequenz einer solchen Betrachtung ist:

1. Werden mehrere Lösungswege nebeneinander verfolgt, so sind die Ausgaben pro Lösungsweg auf den Betrag a zu begrenzen.
2. Die Zahl der Lösungswege ist auf E/a zu begrenzen.

Normalerweise werden nicht mehrere Lösungswege nebeneinander verfolgt, sondern es wird ein einziger Lösungsweg beschritten. Dieser kann dann als erste Runde betrachtet werden. Spätestens nach dieser ersten Runde, d. h. wenn der Betrag a verbraucht ist, wird man das Projekt erneut diskutieren mit den dann zutreffenden veränderten Parametern E' = E–a, p' und R'. Wenn der personelle Aufwand für das Projekt festliegt, kann man aus a das nächste Revisionsdatum berechnen. Auch wenn man von einem bestimmten Zeitpunkt an solche Überlegungen anstellen will, muß man die ursprünglich geschätzten Einnahmen E um die seitherigen Ausgaben reduzieren.

Beispiel: Entwicklung von schlagfestem Acrylglas
E = 500 TDM (Schätzung)
Kumulierte Projektkosten für 2. Quartal des Geschäftsjahres x : 150 TDM
E' = 500 TDM – 150 TDM = 350 TDM

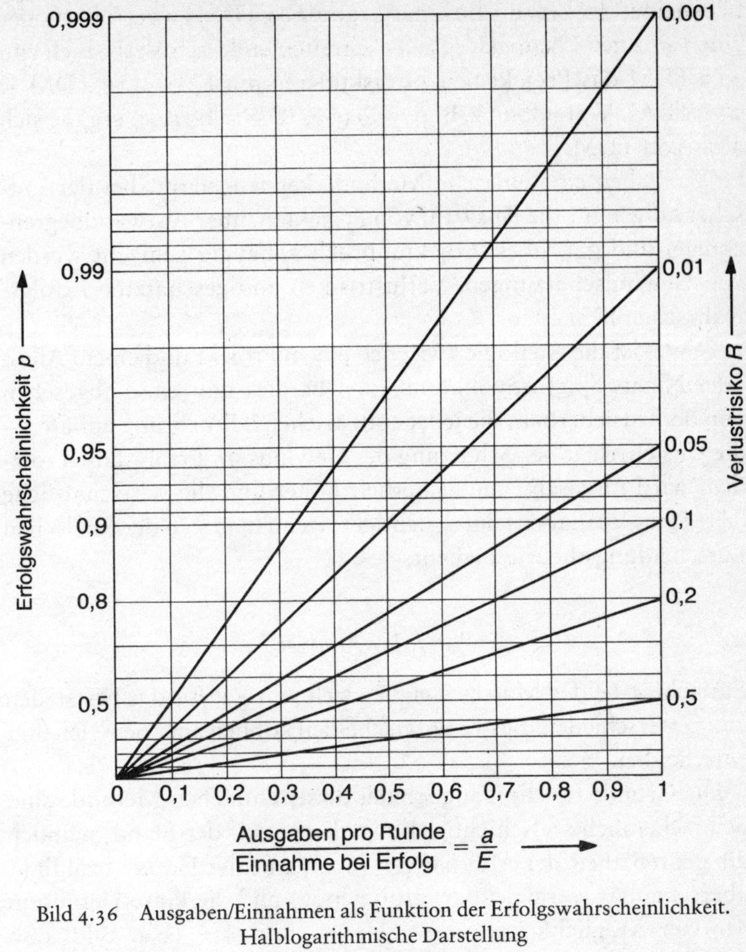

Bild 4.36 Ausgaben/Einnahmen als Funktion der Erfolgswahrscheinlichkeit. Halblogarithmische Darstellung

R = 0,1 % = 0,001 (Das Risiko, daß Forschungsausgaben für dieses Projekt «verloren» sind, soll klein gehalten werden.)

p = 90 % = 0,9

Aus dem Diagramm liest man ab:
Wenn die Erfolgswahrscheinlichkeit p = 0,9 ist, kann man a/E = 0,34, also a = 0,34 × 350 TDM = 119 TDM aufwenden. Es ist n = E'/a = 350 ÷ 119 ≈ 3. Man hat nun die Wahl, entweder

nebeneinander bis zu 3 Lösungswege à 119 TDM zu verfolgen oder einen einzigen Lösungsweg zu beschreiten und nach Verbrauch von 119 TDM das Projekt neu zu diskutieren mit E'' – 119 TDM = 231 TDM. Wäre dann z. B. p' = 95 %, R' = 0,001, so ergäbe sich a' = 100 TDM.

Wir haben eine einfache Methode kennengelernt, bei der Entscheidungen für die Auswahl von Projekten, über Aufwandbegrenzungen und ggf. über Projektabbruch abhängig gemacht werden von Gewinnschätzungen, Verlustrisiken und geschätzten Erfolgswahrscheinlichkeiten.

Gewiß ist die Analogie zwischen einem Projekt und einem Alles-oder-Nichts-Spiel unvollkommen. Überdies gibt es – abgesehen von der Unsicherheit, die jeder statistischen Betrachtung anhaftet – die Unsicherheit der Schätzung des Gewinns im Erfolgsfall. Trotzdem wird insgesamt die Sicherheit höher und die wirtschaftliche Seite eines Vorhabens durchsichtiger, wenn man sich der Reulschen Entscheidungstheorie bedient.

Portfolio-Analyse

Einfache 4-Felder-Matrizen eignen sich sehr gut für das Feststellen von Unterschieden. Besser unterscheiden können aber heißt leichter entscheiden.

Die Gründe für die Tauglichkeit dieser einfachen Methode sind wahrscheinlich vielschichtig. Einige liegen auf der Hand, nämlich die Begrenztheit der Alternativen (noch an einer Hand abzählbar, überschaubar, vergleichbar, grob genug) und die klare Definition der vier Möglichkeiten ––, –+, +– und ++ (s. a. Bild 4.49 Versuchsplan, vorigen Abschnitt oder Abschnitt «Entscheidung ohne Information»). So fehlt es denn auch nicht an geistvollen und witzigen Anwendungen für die Matrix.

Prof. CARLO CIPOLLA [Q32] teilt Menschen scherzhaft ein in

dumme (––, Handlungen mit Nachteil für alle),
hilflose (–+, Handlungen zum eigenen Nachteil und fremden Vorteil),
Banditen (+–, Handlungen zum eigenen Vorteil bei fremdem Nachteil) und

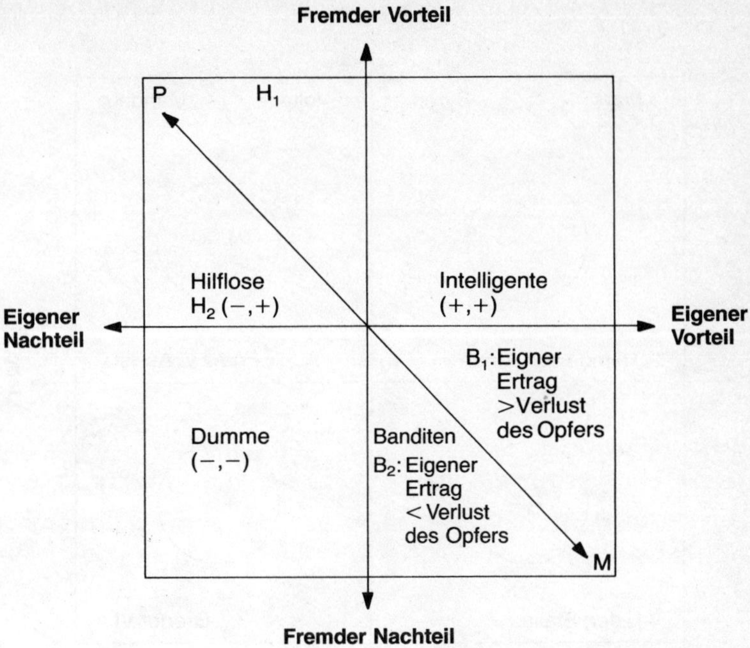

Bild 4.37 Einordnungen von menschlichen Handlungen in eine 4-Felder-Matrix von C. M. CIPPOLA [Q32]

Intelligente (++, Handlungen mit Vorteilen für alle). S. a. Bild 4.37.

Alle Handlungen von Individuen, die sich rechts der Linie P–M befinden, vermehren den Wohlstand der Gesellschaft.

LUCIANO DE CRESCENZO [Q33], der früher Manager bei IBM war, erzeugt seine 4-Felder-Matrix über ein Achsenkreuz mit Haß-Liebe für die Abszisse (−X bis +X) und Macht-Freiheit für die Ordinate (−Y bis +Y).

In den Feldern bringt er Ausprägungen der Gesellschaft unter: den Weisen ++, den Papst +−, den Rebellen −+, den Tyrannen −− sowie viele Zwischenlagen. S. a. Bilder 4.38 und 4.39.

Um im Quadranten IV(+−) zwischen Liebe (+X) und Macht (−Y) zu bleiben: Der Heilige verkörpert nur Liebe, der König nur

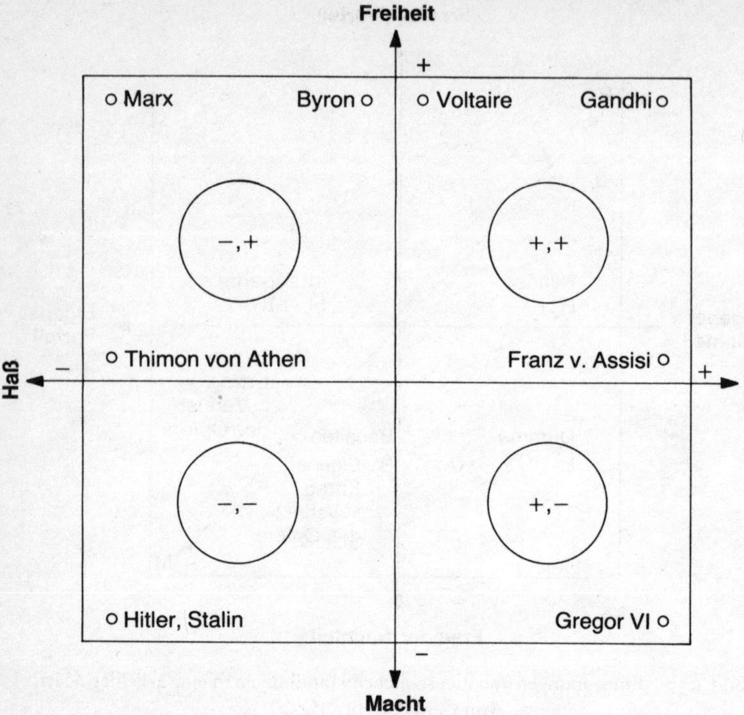

Bild 4.38 Einordnung von historischen Persönlichkeit in eine 4-Felder-Matrix von De Crescenzo [Q33]

Macht. Dazwischen liegen Frau, Papst, Betriebsleiter. Diese etwas übermütigen Beispiele sollen auf die historisch ältere Portfolio-Matrix überleiten.

Die Portfolio-Technik war ursprünglich eine Beurteilungshilfe für die Finanzanlage in Wertpapieren. Die zu erwartende Kapitalrendite wurde dem geschätzten Risiko in einer einfachen Vierfelder-Matrix gegenübergestellt (Bild 4.40).

Daraus wurde von der amerikanischen Boston Consulting Group das Marktwachstum-Marktanteil-Portfolio (Bild 4.40, äußere Achsenbezeichnungen).

Relativer Marktanteil heißt darin eigener Marktanteil bezogen auf den des größten Wettbewerbers.

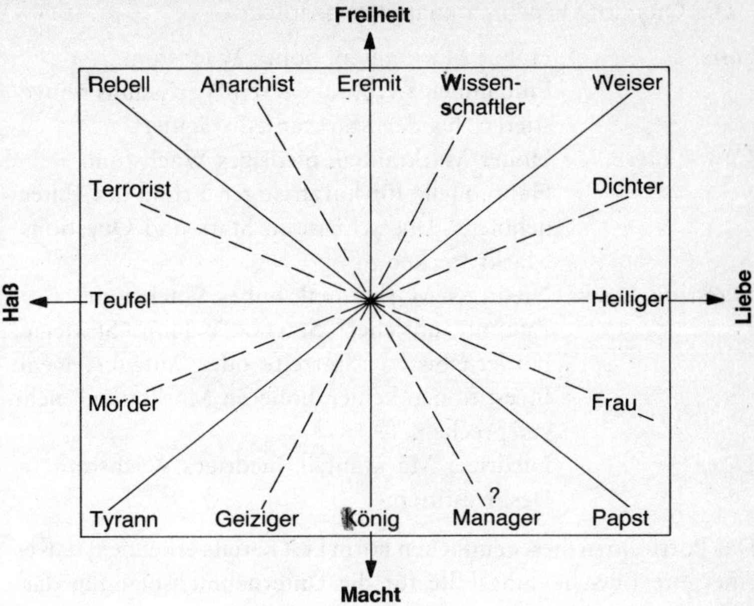

Bild 4.39 Einordnung von Typen in eine 4-Felder-Matrix von DE CRESCENZO [Q33]

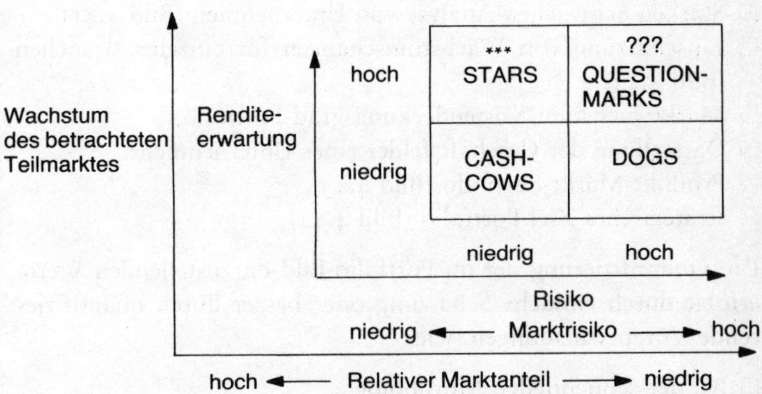

Bild 4.40 Portfolio
Bei inneren Achsenbezeichnungen: Wertpapier-Portfolio
Bei äußeren Achsenbezeichnungen: Produktmarkt-Portfolio

Die Quadrate bedeuten knapp ausgedrückt:

Stars:	Hoher Marktanteil, hohes Wachstum. Einnahmen zwecks weiteren Wachstums reinvestieren, bis der Marktanteil stagniert.
Cash-Cows:	Hoher Marktanteil, niedriges Wachstum. Hauptquelle für kurzfristigen Erfolg des Unternehmens. Überschüsse in Stars und Questions-Marks stecken.
Question-Marks:	Niedriger Marktanteil, hohes Wachstum. Zukunft unsicher: Star oder Flop. Strategie: Fördern bis zur Starreife oder Aufgabe, wenn Investitionen keinen höheren Marktanteil mehr versprechen.
Dogs:	Niedriger Marktanteil, niedriges Wachstum. Desinvestition.

Das Portfolio in dieser einfachen Form läßt bereits erkennen, daß es eine gute Entscheidungshilfe für die Unternehmensplanung darstellt.

Weil die Portfolio-Technik so anschaulich und leicht einzusetzen ist, gibt es eine Fülle von Variationen in verschiedensten Anwendungen, z. B.

- ☐ Stärken-Schwächen-Analyse von Unternehmen (Bild 4.41),
- ☐ Einschätzung von Wachstumschancen für einzelne Branchen (Bild 4.42),
- ☐ Marktwachstum-Kostendeckungsgrad-Portfolio,
- ☐ Darstellung der Geschäftsfelder eines Unternehmens,
- ☐ Produkt-Markt-Portfolio (Bild 4.43),
- ☐ strategisches Ziel-Portfolio (Bild 4.44).

Die Quantifizierung der im Portfolio-Bild darzustellenden Werte erfolgt durch einfache Schätzung oder besser durch quantifizierende Vorentscheidungen, wie

- ☐ bei der sequentiellen Morphologie,
- ☐ beim Marketing-Index,
- ☐ bei der Wertanalyse oder z. B.
- ☐ beim Paarvergleich gezeigt.

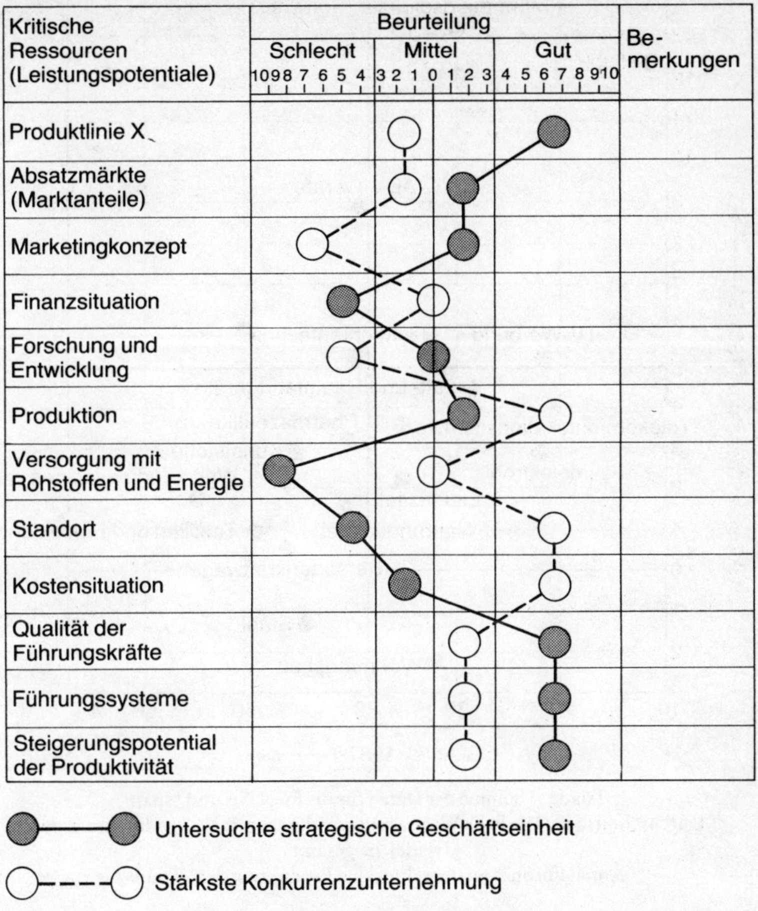

Bild 4.41 Stärken-Schwächen-Profil einer strategischen Geschäftseinheit (Prinzipdarstellung) [Q26]

Anmerkung: Der Einfachheit halber werden bei der Darstellung der Ressourcen Felder gleicher Größe gewählt; dies impliziert die in der Praxis nicht immer gerechtfertigte Annahme einer Gleichgewichtigkeit der Ressourcen. Im Bedarfsfall kann über die Breite der Felder (oder die Größe der Kreise) die Fläche der Bedeutung der Ressourcen angepaßt werden [Q26].

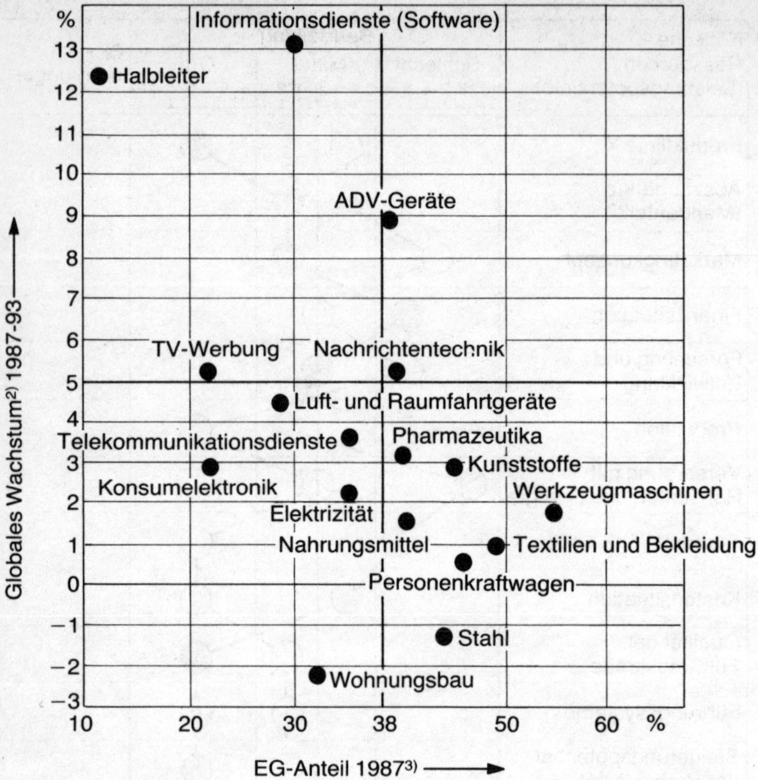

[1] Triade = Summe der Daten für die EG, USA und Japan

[2] Durchschnittliche jährliche Wachstumsrate der sektoralen Produktion in der «Triade» insgesamt

[3] Anteil Europas an der sektoralen Produktion der «Triade»

Bild 4.42 Position der EG in der «Triade» in ausgewählten Sektoren [Q25]

	Märkte	
Produkte	vorhanden	neu
vorhanden	Marktdurchdringung = Verstärkte Bearbeitung der bisherigen Märkte mit vorhandenen Produkten	Marktausweitung = Suche nach neuen Märkten für bisherige Produkte
neu	Differenzierung = Suche nach neuen Produkten für bisherige Märkte	Diversifikation = Suche nach neuen Produkten für neue Märkte

Bild 4.43 Produkt-Markt-Matrix [Q27]

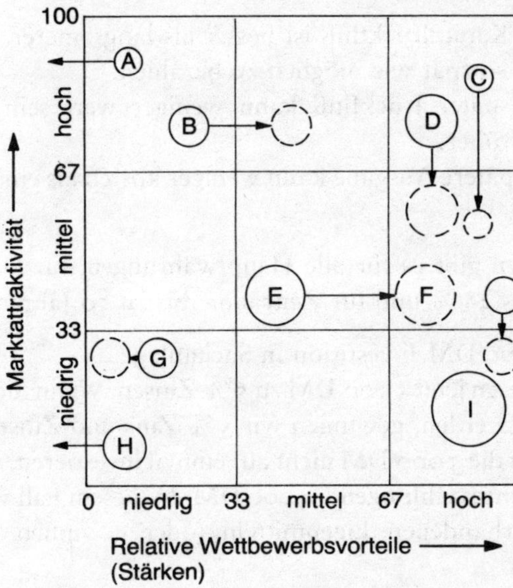

Bild 4.44 Das strategische Ziel-Portfolio einer Unternehmung oder eines Unternehmungsbereichs [Q26]

Wirtschaftlichkeitsrechnungen

Discounted Cash Flow [Q7] (Kapitalwert-Methode, DCF)

In einem ideenreichen Unternehmen gibt es immer mehr Pläne als Geld zu deren Verwirklichung. Also müssen die Pläne miteinander verglichen werden. Wenn andere Entscheidungskriterien wie Marktverteidigung, notwendiger Ausbau einer bisher vernachlässigten Produktnische, Umweltschutz o. ä. nicht vorrangig sind, sondern die Profitabilität der Vorhaben zu vergleichen ist, bietet die Kapitalwert-Methode (DCF) eine Möglichkeit der Quantifizierung. DCF basiert auf Binsenweisheiten:

- ☐ Schnellerer Kapitalrückfluß ist besser als langsamerer.
- ☐ Es ist klug, so spät wie möglich zu bezahlen.
- ☐ Ein hoher später Rückfluß kann weniger wert sein als ein geringerer früher.
- ☐ Eine hohe spätere Ausgabe kann weniger kosten als eine niedrigere jetzt.

Abzins-Tabellen gibt es für alle Hauptwährungen, für Discount-Sätze von 1 bis 48 % und für Zeiträume bis zu 50 Jahren.

Beispiel 1: 5 000 DM Investition in Sachanlage

a) Wir investieren jetzt 5 000 DM zu 5 % Zinsen. Wenn die Zinsen reinvestiert werden, gewinnen wir 5 % Zins und Zinseszins.

b) Wir können die 5 000 DM nicht auf einmal investieren, sondern nur per 5 Jahreszahlungen à 1 000 DM. In diesem Fall verlieren wir bei vorhandenen Eigenmitteln (oder gewinnen wir bei

Jahr (Ende)	Investierter Betrag (DM)	Discount-Faktor für 5 %	Aktueller Barwert (DM)
1	1000	0,9524	952,4
2	1000	0,9070	907,0
3	1000	0,8638	863,8
4	1000	0,8227	822,7
5	1000	0,7835	783,5
	5000		4329,4

Bild 4.45 Sachanlage-Investition über 5 Jahre

Fremdfinanzierung durch eingesparte Fremdkapital-Refinanzierungskosten) 5 % Zins und Zinseszins für jede 1 000 DM und jedes Jahr, wie Bild 4.45 zeigt.

Der aktuelle Wert der so eingezahlten 5 × 1 000 DM ist nur 4 329,40 DM, denn diese Summe würde umgekehrt, zu 5 % über 5 Jahre angelegt, 5 000 DM erzeugen. Wenn also eine Zahlung von 5 000 DM in 5 Jahren fällig ist, kann diese Summe durch die sofortige Anlage von 4 329,40 DM zu 5 % dann rechtzeitig bereitgestellt werden.

Derartige Überlegungen machen die zeitlich unterschiedlichen Zahlungsströme (Einnahmen, Ausgaben) vergleichbar und erlauben Wirtschaftlichkeitsabschätzungen von Projekten.

Beispiel 2: Sachanlage-Investition über 10 Jahre mit 500 000 DM Startkapital (Bild 4.46).

	Netto-Barzahlungen in 10^3 DM	
	Ausgaben	Einnahmen
Startkapital	500	
Jahr 1	1250	
Jahr 2	1435	
Jahr 3		1845
Jahr 4	6	
Jahr 5		1089
Jahr 6		806
Jahr 7		909
Jahr 8		949
Jahr 9		998
Jahr 10		3084[1]
Jahr 11	915[2]	
Summen	4106	9680

[1] Restliches Arbeitskapital
[2] Steuern

Bild 4.46 Sachanlage-Investition über 10 Jahre

Es sei angenommen, im 1., 2. und 4. Jahr werde mehr Geld ausgegeben als eingenommen. Im 11. Jahr sind Steuern zu zahlen.

Eine Überschlagsrechnung zeigt über 9 Mio. DM Einnahmen und ca. 4 Mio. DM Ausgaben. Man hat ein paar Jahre zu warten, bis die Ausgaben ausgeglichen sind – eine normale Situation. Das

Projekt scheint profitabel. Aber wie profitabel unter Berücksichtigung der Zinsen?

Wir rechnen zunächst mit 20 % Abzinsung (Bild 4.47 Näherung 1). Der sich daraus errechnende aktuelle Barwert für die 11-Jahres-Periode ist viel höher als 500 000 DM. Bei einem Abzinsungsfaktor von 25 % (Bild 4.47) ist er viel niedriger. Bei 23 % (Bild 4.47) schließlich liegen wir genügend nahe an der vorgegebenen Kapital-Auslegung von 500 000 DM, nämlich bei 488 000 DM.

Bei planmäßiger Abwicklung des Projektes ergibt sich also ein «return on capital» von ca. 23 %. Der nach DCF berechnete Kapitalertrag – eine Maßzahl – kann nun mit dem von anderen Projekten verglichen werden – oder allgemein mit anderen zinsbringenden Anlagemöglichkeiten am freien Markt.

Man darf sich aber nicht darüber hinwegtäuschen, daß Einzahlungen, Ausgaben, Zeitbedarf und Inflationsrate als Schätzungen eingehen und das Ergebnis nur so gut wie die Schätzungen sein kann. Immerhin zwingt DCF zu klarer Planung von Geld und Zeit und ist schon dadurch eine Entscheidungshilfe.

		1. Näherung		2. Näherung		3. Näherung	
	Netto-zahlungen in 10^3 DM	Abzins-faktoren für 20 %	Aktueller Barwert in 10^3 DM	Abzins-faktoren für 25 %	Aktueller Barwert in 10^3 DM	Abzins-faktoren für 23 %	Aktueller Barwert in 10^3 DM
Start-kapital	(500)		(500)		(500)		(500)
Jahr							
1	(1250)	0.8333	(1042)	0.8000	(1000)	0.8130	(1016)
2	(1435)	0.6944	(996)	0.6400	(918)	0.6610	(949)
3	1845	0.5787	1068	0.5120	945	0.5374	992
4	(6)	0.4823	(3)	0.4096	(2)	0.4369	(3)
5	1089	0.4019	438	0.3277	357	0.3552	387
6	806	0.3349	270	0.2621	211	0.2888	233
7	909	0.2791	254	0.2097	191	0.2348	213
8	949	0.2326	221	0.1678	159	0.1909	181
9	998	0.1938	193	0.1342	134	0.1552	155
10	3084	0.1615	498	0.1074	331	0.1262	389
11	(915)	0.1346	(123)	0.0859	(79)	0.1026	(94)
			778		329		448

Bild 4.47 Sachanlage-Investition – Aktueller Barwert

Mathematische Entscheidungsmodelle

Lineare Programmierung mit Simulationsmodell

Beispiel: Kostenminimierung der Pappenproduktion

□ *Zieldefinition*

Optimierung ist die planmäßige Suche nach dem Besten – oder das Auffinden der günstigsten Lösung.

Zur Zieldefinition müssen zwei Fragen gestellt werden:

a) Welches Objekt betrachten wir?
   Die Produktqualität, den Rohwareneinkauf, die Produktionsgeschwindigkeit, das Warenvertriebssystem, die Ausnutzung der Kapazitäten, die Kosten, den Profit? Jedes für sich kann optimiert werden. Sucht man das gemeinsame Optimum, so könnten die Einzelposten nicht alle optimal bleiben. Wir können aber erreichen, daß bestimmte Mindestforderungen eingehalten werden. In unserem Beispiel waren Mindestforderungen für die Produktqualität einzuhalten.
b) Welche Eigenschaft des Objekts soll optimiert werden?
   Die Optimierung soll finanzielle Vorteile bringen. Dies kann durch verminderte Ausgaben oder durch erhöhte Einkünfte erfolgen. Wir wollen uns hier mit der Minimierung der Produktionskosten beschäftigen.

Unsere Problemstellung lautet:
Bei Erhaltung der wichtigen Eigenschaften soll der Herstellpreis der Pappe sinken.

Nachdem die Aufgabenstellung klar formuliert ist, wird ein vereinfachtes Bild der Wirklichkeit, ein Modell benötigt. Das Modell muß den Zusammenhang zwischen den Eigenschaften der Pappe und den Herstellungsparametern darstellen. Es soll einfach sein, aber umfassend genug, um die Realität hinreichend genau zu imitieren.

Das Modell enthält mathematisch formulierte Bedingungssätze: *Wenn* ich *dies* bei der Herstellung tue, *dann* passiert *das* bei den Eigenschaften.

Die Bedingungssätze lassen sich ohne weiteres auch mathematisch in Form von Gleichungen formulieren. Aus diesem mathematischen Modell, das die gesammelten Daten berücksichtigt, gewinnen wir eine mathematische Lösung der Aufgabe. Deren Gültigkeit muß in der Realität geprüft werden. Danach zeigt sich, ob Modell und Daten noch verbessert werden müssen oder ob das Problem gelöst ist. Bild 4.48 zeigt schematisch den Ablauf des Verfahrens.

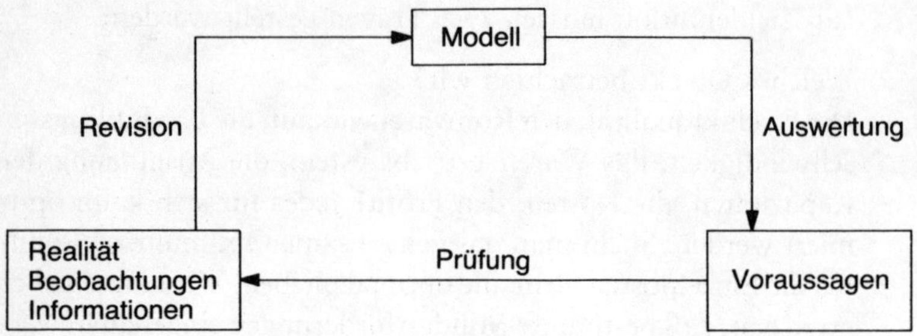

Bild 4.48 Modell – Prognose – Realität

□ *Welche Eigenschaften sind wichtig?*
Die physikalischen Eigenschaften einer Pappe lassen sich in optische und mechanische unterteilen. Optisch wurde von der untersuchten Pappe erwartet, daß sie weiß erscheine. Die weiße Deckschicht sollte keine Eigenstruktur (Wolkigkeit) zeigen und mußte so opak sein, daß die minderwertigeren und dunkleren Unterschichten nicht durchscheinen. Die mechanischen Eigenschaften mußten sowohl die störungsfreie Herstellung als auch die Weiterverarbeitung zu Kartons bzw. Faltschachteln mit den gewünschten Eigenschaften zum Transport und Lagern von Produkten gewährleisten.

Zur Beurteilung der Eigenschaften wurden folgende Meßgrößen als wichtig angesehen:

Optische Eigenschaften

Remission	Wolkigkeit
Weißgrad	Weißeindruck
Opazität	

Mechanische Eigenschaften

Flächengewicht	Berstdruck
Dicke	Bruchlast
Steifigkeit	Rillung
Spaltfestigkeit	

□ *Herstellung von Pappe im Labor*

Um den Einfluß von Herstellungsparametern auf die Pappeneigenschaften zu untersuchen, muß die Herstellung der Pappe variiert werden. Maschinenversuche sind teuer, falls Ausschuß erzeugt wird. In der Pappenmaschine gibt es außerdem viele schwer kontrollierbare Einflußgrößen. Versuchsergebnisse lassen sich oft schlecht deuten.

Deshalb stellen wir Pappe auf einer Laborblattbildungsanlage her. Die Meßwerte der Eigenschaften Spaltfestigkeit, Steifigkeit, Rillung und Opazität stimmen für Labor- und Maschinenpappen gleicher Dicke und gleichen Flächengewichts gut überein. Dank dieser Übereinstimmung sind wir nun in der Lage, Einflußgrößen auf Pappeneigenschaften im Labor zu prüfen.

Die Vorversuche ließen vermuten, daß der Einfluß der folgenden Faktoren näher zu untersuchen sei:

Flächengewicht der oberen weißen Pappenschicht, Farbe der darunterliegenden Schicht, Menge des der Oberschicht zugesetzten optischen Aufhellers, Menge und Art der Füllstoffe und Flächengewicht der Gesamtpappe.

□ *Faktorenversuchsplan*

Eine elegante Methode, mit geringstem Zeitaufwand Daten über den Zusammenhang zwischen Faktoren und Eigenschaften eines Produkts zu erhalten, bietet der Faktorenversuch. Zur Erinnerung:

Unser Problem war die Erhaltung der Eigenschaften der Pappe bei niedrigeren Herstellungskosten. Zur Planung des Faktorenversuchs nennen wir die Faktoren X_i, die Eigenschaften Y_k.

Um den Einfluß der Faktoren X_i auf die Eigenschaften Y_k kennenzulernen, müssen wir die Größe der Faktoren ändern und beobachten, ob sich auch die Eigenschaften ändern. Wir variieren jeden der 6 Faktoren, indem wir ihn auf 2 Stufen >> + << und

Faktor / Versuch Nr.	Füll-stoff 1	Füll-stoff 2	opt. Auf-heller	Farbe der Un-terlage	Liner Flächen-gew.	Pappen-Flächen-gew.
	X_1	X_2	X_3	X_4	$X_5 = X_1X_2X_3$	$X_6 = X_2X_3X_4$
1	−	−	−	−	−	−
2	+	−	−	−	+	−
3	−	+	−	−	+	+
4	+	+	−	−	−	+
5	−	−	+	−	+	+
6	+	−	+	−	−	+
7	−	+	+	−	−	−
8	+	+	+	−	+	−
9	−	−	−	+	−	+
10	+	−	−	+	+	+
11	−	+	−	+	+	−
12	+	+	−	+	−	−
13	−	−	+	+	+	−
14	+	−	+	+	−	−
15	−	+	+	+	−	+
16	+	+	+	+	+	+
– bedeutet:	8*	0	0,2*	grau = 0	80*	300*
+ bedeutet:	12*	5*	0,5*	gelb = 1	120*	500*

* g/m²

Bild 4.49 Faktorenversuchsplan

>> – << einstellen, und führen Versuche nach dem in Bild 4.49 aufgegebenen Schema aus.

Dieses Schema ist als faktorieller Teilversuchsplan für 6 Faktoren bekannt; dabei ist Faktor X_5 vermengt mit der Wechselwirkung $X_1X_2X_3$ und Faktor X_6 mit der Wechselwirkung $X_2X_3X_4$.

An den 16 nach Plan doppelt hergestellten Pappen wurden optische und mechanische Eigenschaften gemessen. Der optische Meßwert Weißeindruck wurde durch Paarvergleich ermittelt.

□ *Varianzanalyse*

Die Pappen zeigen verschiedene Eigenschaften

a) wegen der Versuchsstreuung und
b) wegen der Änderung der Herstellparameter.

Es ist möglich, die Schwankungen in Anteile zu zerlegen, nämlich in die Versuchsstreuung und – in diesem Beispiel – in 6 durch die Faktoren x_1 und x_6 verursachte Effekte.

Wir nennen einen Effekt deutlich oder signifikant, wenn er mindestens das Dreifache der Versuchsstreuung ausmacht.

Das Auswerteverfahren heißt Varianzanalyse und läßt sich leicht per Computer durchführen. Die Varianzanalyse der Meßwerte sagt nur, welche Faktoren wichtig waren und welche vernachlässigt werden können (Bild 4.50).

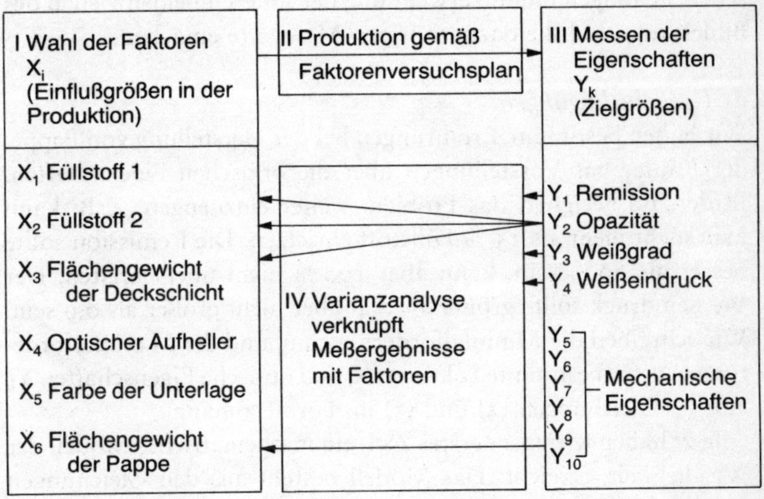

Bild 4.50 Varianzanalyse

□ *Regressionsanalyse*

Wir wissen aus der Varianzanalyse, welche optischen Eigenschaften Y_k durch welche Faktoren X_i beeinflußt werden. Um die im vorangegangenen Abschnitt «Zieldefinition» erwähnten Bedingungssätze aufstellen zu können, müssen wir noch wissen, wie stark die einzelnen Faktoren X_i auf je eine optische Eigenschaft Y_k wirken.

Unser Ziel sind 4 Gleichungen folgender Art

(Gleichung (1) Formelanhang)
Optische Eigenschaft (Y_k) = Konstante + Koeffizient × Herstellparameter Z_i

Die Gleichung für die Remission Y_1 würde uns z. B. folgende Aussage gestatten: Wenn wir $z_1 = 8$ g/m² Füllstoff 1, $z_2 = 5$ g/m² Füllstoff 2, $z_3 = 0{,}2$ g/m² optischen Aufheller, eine gelbe Unterlage ($z_4 = 1$) und $z_5 = 80$ g/m² Deckschicht einsetzen, bekommen wir eine Pappe mit einem bestimmten Remissionsgrad.

Die Koeffizienten (k_0 bis k_5 in Gleichung (1)) liefert uns der Computer durch eine Regressionsrechnung, wenn wir alle Faktoreneinstellungen unter Verwendung der unteren beiden Zeilen des Bildes 4.49 und die dazugehörigen Meßwerte eingeben.

□ *Grenzbedingungen*

Wir haben bestimmte Erfahrungen bei der Herstellung von Pappe, der Käufer hat Vorstellungen über die optischen Eigenschaften. Beide sind geeignet, das Problem weiter einzuengen. Z. B. kann man nicht mehr als 15 % Füllstoff einsetzen. Die Remission sollte besser als 70 % sein, kann aber 100 % nicht überschreiten. Der Weißeindruck sollte größer als 0,4, aber nicht größer als 0,9 sein. Wir schreiben die Minimalforderungen u_i und die Maximalforderungen v_i für bestimmte Faktoren X_i und optische Eigenschaften Y_k auf: (s. Gleichungen (2) und (3) im Formelanhang).

Jetzt haben wir unser erstes Ziel, ein mathematisches Modell der Wirklichkeit, erreicht. Das Modell besteht aus den Gleichungen (1), (2) und (3). Wir müssen nun auch noch unsere Aufgabenstellung mathematisch formulieren, damit ein Computer die Aufgabe lösen kann.

□ *Zielfunktion*

Unser Problem war eine Minimierung der Kosten. Wir brauchen also auch noch eine Gleichung, in der die Kosten vorkommen. Die Kosten entstehen bei unverminderter Maschinengeschwindigkeit durch den Einsatz von Rohstoffen. Sie steigen mit steigenden Werten für die Faktoren X_i. Der Preis für das Produkt ist also die Summe der Produkte aus Einsatzmenge X_i und Einheitspreis. Die Zielfunktion lautet:

Gesamt-Rohstoffpreis = Summe von (Einheitspreis mal Menge) der Rohstoffe

□ *Lösen der Optimierungsaufgabe*
Das Modell und die Aufgabenstellung sind nun mathematisch formuliert. Wir haben das folgende System von Gleichungen und Ungleichungen:

- Beziehungen zwischen Meßwerten Y_k und wichtigen Faktoren X_i (Gleichungen (1) bzw. (1a))
- Grenzbedingungen (diktiert durch Betriebserfahrung und Kundenwünsche, Gleichungen (2) und (3))
- Zielfunktion
  (Einheitspreis · X_i) = min. (Gleichung (4) im Formelanhang)

In diesem System von Gleichungen und Ungleichungen ist noch immer unbekannt:

Wieviel Fasern, Aufheller, Füllstoffe, welche Unterlage wir einsetzen müssen, um die geforderte Pappeneigenschaft und die billigste Lösung zu erhalten.

Die Lösung liefert der Computer mit Hilfe des Standardverfahrens «Lineare Programmierung».

□ *Interpretation der mathematischen Lösung*
Als Lösung des Systems von Gleichungen und Ungleichungen erhalten wir direkt die Werte für die im Interesse des Kostenminimums einzusetzenden Faktoreinstellungen. Diese Daten der Lösung sind mit den eingegebenen Daten mathematisch gleichwertig, denn sie sind ja aus ihnen unter Verwendung von Rechenregeln entstanden. Die Lösung kann aber auch nur so gut wie Modell und Eingabedaten sein. In den Ausgabedaten ist der Informationsgehalt der Eingabedaten auf praktische Relevanz hin verdichtet.

In unserem Falle war die Lösung folgende:

soundsoviel mehr Füllstoff 1,
soundsoviel mehr Füllstoff 2,
soundsoviel mehr Aufheller,
soundsoviel billigere Unterlage (diese Farbe der Unterlage),
soundsoviel weniger hochwertige Zellulose.

Die gefundene Lösung wird praktisch erprobt. Wenn sie nicht durchführbar ist, ist das Modell zu stark vereinfacht, oder die vorhandenen Meßdaten, d.h. unsere Informationen über das System, sind noch zu ungenau. Der Kreislauf muß dann noch einmal durchlaufen werden. Ist die Lösung praktikabel, dann sind gewöhnlich wegen der hohen Tonnage in der Pappenindustrie hohe Kosteneinsparungen die Folge.

□ *Formelanhang*

$$Y_k = \alpha_{ko} + \alpha_{k1} \cdot z_1 + \alpha_{k2} \cdot z_2 + \alpha_{k3} \cdot z_3 + \alpha_{k4} \cdot z_4 + \alpha_{k5} z_5 \qquad (1)$$

$$Y_k = \sum_{i=1}^{5} \alpha_{ki} X_i + \alpha_{ko} \qquad (1a)$$

$$u_i \leq X_i \leq v_i \qquad (2)$$

$$u_k \leq Y_k \leq v_k \qquad (3)$$

$$\sum_{i=1}^{5} (\text{Einheitspreis} \cdot X_i) \stackrel{!}{=} \min \qquad (4)$$

Netzplantechnik

Eine Frage des Entscheidens ist auch die Wahl des besten Weges, einen Auftrag auszuführen. Dabei spielt immer die Zeit eine Rolle. «Zeit ist Geld», und Zeit muß auch tatsächlich finanziell bewertet werden. Zeitersparnis ist ein allgemeines Ziel. Extreme Zeiteinsparung aber kann teuer werden. Dies stellt man besser vor Beginn eines Projekts als mitten während der Arbeit fest.

Um die Zeit bestmöglich nutzen zu können, muß man festlegen, was in welcher Reihenfolge zu geschehen hat. Manche Arbeiten können gleichzeitig ablaufen, andere nur nacheinander.

Das Prinzip eines Netzplans erkennt man am besten an einem profanen Beispiel wie dem Tee-Zubereiten (Bild 4.51). Dazu schreibt man sich zunächst die Arbeitsgänge mit ihren Abhängigkeiten auf (Bild 4.52). Dann folgt die zeitliche Auswertung der Arbeitsgänge (Bilder 4.53 bis 4.55).

Bild 4.51 Die richtige Tee-Zubereitung

Der Zeitbedarf entlang eines Weges wird addiert und ergibt so die frühestmöglichen Eintrittszeiten (earliest event time). So braucht man nur 30 Sekunden, um die Teekanne vorzubereiten (20 Sekunden holen und vorwärmen + 10 Sekunden Teeblätter dosieren), aber 120 Sekunden, bevor Wasser aufgegossen werden kann, weil es so lange bis zum Kochen braucht. Der Tee kann frühestens 330 Sekunden nach dem Start getrunken werden (Bild 4.54).

Unterwegs sind einige Vorgänge kritisch. Das heißt, wenn sie sich verzögern, verzögert sich alles. So ist z.B. reichlich Zeit, die Teekanne vorzubereiten, aber der Wasserkessel muß sofort gefüllt und auf den Herd gebracht werden, wenn der Tee rechtzeitig fertig werden soll. Zur Erfassung des kritischen Weges beginnt man am Ende (Nr. 9) und geht zum Start, indem die jeweils benötigten Zeiten abgezogen werden (Bild 4.55).

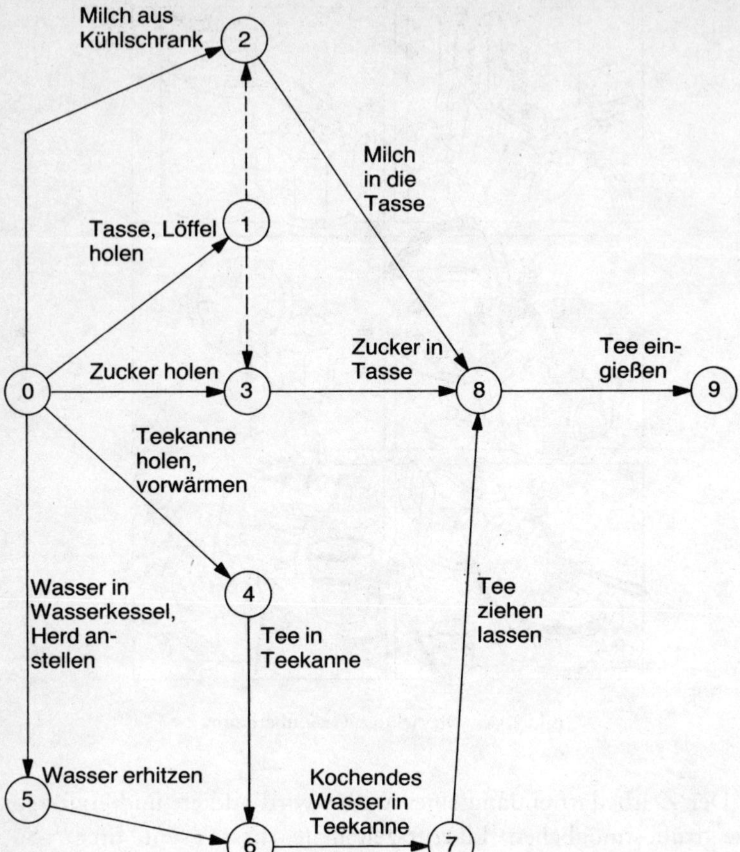

Bild 4.52 Arbeitsabläufe beim Teekochen

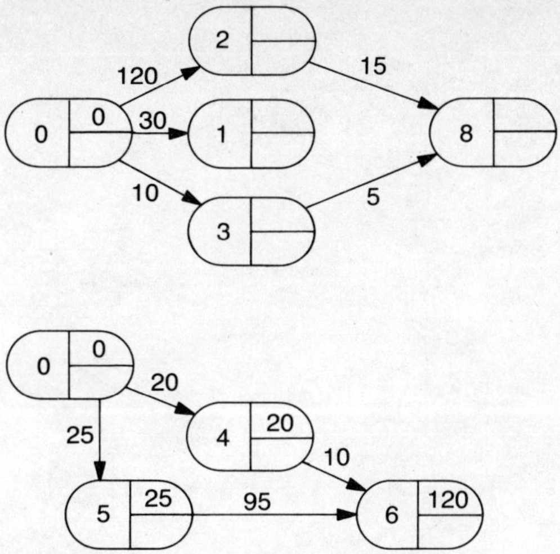

Bild 4.53 Auswertung der Arbeitsgänge

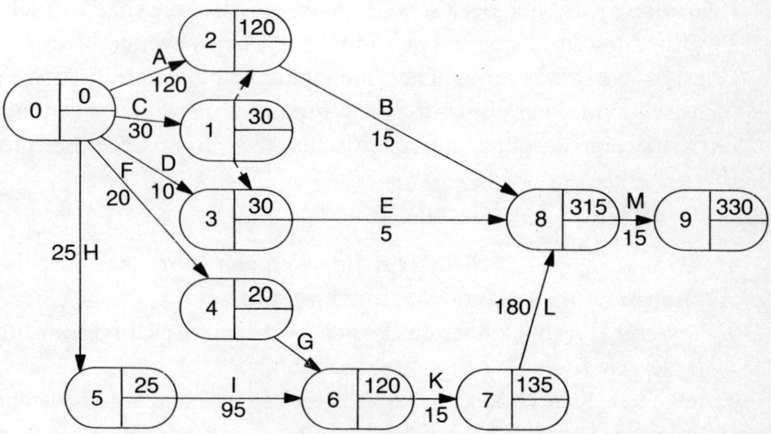

Bild 4.54 Auswertung der Arbeitsgänge

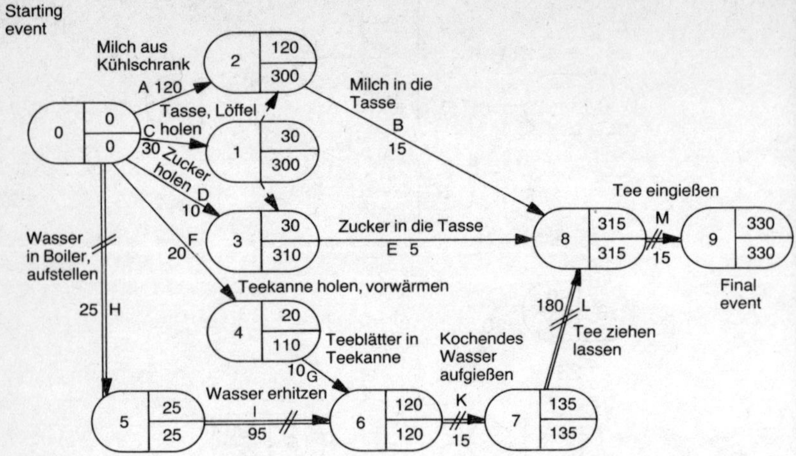

Bild 4.55 Netzplan Teekochen

Von 9 mit 330 zu 8 sind also 15 Sekunden abzuziehen. In das freie untere Kästchen bei 8 schreibt man 315, also die spätestmögliche Eintrittszeit (latest event time). So geht es weiter bis zu 0. Überall, wo frühestmögliche und spätestmögliche Eintrittszeit identisch sind, liegt ein kritischer Vorgang vor. Der Weg entlang der kritischen Vorgänge heißt kritischer Weg. In unserem Beispiel ist es 0 – 5 – 6 – 7 – 8 – 9.

Der Netzplan hat folgende Vorteile:

1. Zwang zu gründlichem Durchdenken der Vorgänge im Planungsstadium – damit Entscheidungshilfe,
2. besserer Überblick über das Projekt während der Durchführung (jederzeit zugleich Momentaufnahme),
3. jeweilige Konsequenzen bei Abweichungen sind relativ leicht ableitbar – damit Entscheidungshilfe,
4. Fachwissen und Urteilsvermögen werden nicht verzettelt, sondern konzentriert genutzt, Streß wird vermindert.

Der beim Teekochen vorgeführte Netzplan ist die Methode des kritischen Weges, «Critical Path Method» (CPM), ein Vorgangspfeil-Netzplan.

Dieses Planungsverfahren wurde 1956 beim Chemieriesen Du Pont in den USA entwickelt. Historisch gesehen, hat diese Netzplanart das Verdienst, erstmalig zwischen Aktivitäten und jeweiligem Zeitbedarf unterschieden zu haben:

Erst nach der Strukturanalyse der abhängigen Tätigkeiten erfolgt die Zeitanalyse.

Mit CPM plante Du Pont den Bau einer Chemiefabrik, und zwar mit nachweislich großem Erfolg. Da die Anlage parallel (und zunächst nur der Sicherheit halber) auf konventionelle Weise geplant wurde, konnte durch Vergleich bewiesen werden, daß die Netzplantechnik kein Risiko bedeutet, sondern nur Vorteile bringt.

Heute unterscheidet man 3 Arten von Netzplänen:

1. Vorgangspfeil-Netzplan (s. Beispiel),
2. Ereignisknoten-Netzplan,
3. Vorgangsknoten-Netzplan.

Bei der 2. Art bilden die Ereignisse die Knoten im Netz, während die Abhängigkeiten durch Pfeile dargestellt werden:

Der Ereignisknoten-Netzplan wurde in der Form «Program Evaluation and Review Technique» (PERT) erstmals 1958 für das Polaris-Raketenprogramm eingesetzt. Dabei war die Tätigkeit von 3 000 Unternehmen zu koordinieren. Dank der Netzplantechnik konnte die vorgeschätzte Projektzeit von 8 Jahren um ein Viertel verkürzt werden. Diese Art Netzplan wird noch gern bei Forschungsprojekten mit Unsicherheiten bei der Zeitschätzung eingesetzt.

In der Praxis dominiert jetzt aber die 3. Art der Netzpläne, der Vorgangsknoten-Netzplan. Das ist auch der französischen Firma Sema zu danken, die ab 1958 mit ihrer «Metra-Potential-Methode» (MPM), einem Vorgangsknoten-Netzplan, für Electricité de France (EdF) Atomkraftwerke plante.

Der Netzplan, in Anlehnung an DIN 69 900 (eine grafische Darstellung von Abläufen und deren Abhängigkeiten), hat sich als Planungs- und Entscheidungshilfe schnell durchgesetzt. Dies zeigt sich auch in der Existenz eines «Standardprogramms Netzplantechnik» nach Refa.

Ein weiteres mathematisches Hilfsmittel für Entscheidungen sind die Warteschlangen-Rechenverfahren.

Ein einfaches Beispiel: An einer Tankstelle kommen Fahrzeuge an. Die Fahrer warten, bis eine erreichbare Zapfsäule frei ist, tanken, bezahlen und verlassen die Tankstelle. Parameter sind:

1. Wahrscheinlichkeitsverteilung für die Ankunft der Fahrzeuge,
2. Wahrscheinlichkeitsverteilung für die Tankdauer,
3. Anzahl der Zapfsäulen und
4. Wartedisziplin.

Sie hängen ab von:

1. Verkehrsdichte,
2. Tankmenge, Kleingeld-Verfügbarkeit, Inanspruchnahme von Nebenleistungen, Effizienz des Personals, Zahl der Autos in der Schlange,
4. Geduld der Fahrer, Länge der Schlange.

Für die Vereinfachungen

1. Ankunft nach Poisson-Verteilung
2. Tanken nach Exponentialverteilung
3. nur eine Zapfsäule und
4. First in – first out (FIFO)

gilt folgendes Modell:

Wahrscheinlichkeit, daß die Tankstelle leer ist:

$$P(0) = 1 - \frac{\beta}{\mu}$$

β = mittlere Ankunftsrate
μ = mittlere Tankdauer

Wahrscheinlichkeit für n Autos in der Schlange einschließlich des gerade tankenden:

$$P(n) = \left(\frac{\beta}{\mu}\right)^n \left(1 - \frac{\beta}{\mu}\right)$$

Mittlere Anzahl wartender Autos einschließlich des tankenden:

$$\bar{n} = \frac{\frac{\beta}{\mu}}{1 - \frac{\beta}{\mu}}$$

Mittlere Aufenthaltsdauer an der Tankstelle (Warten + Tanken):

$$W = \frac{1}{\mu - \beta}$$

Mittlere Wartezeit vor dem Tanken:

$$W_p = \frac{\beta}{\mu} W$$

Mittlere Anzahl wartender Autos:

$$\bar{n}_p = \frac{\beta}{\mu} n$$

Aus den Gleichungen geht hervor, daß der Term $\frac{\beta}{\mu}$ in der Warteschlangentheorie extrem wichtig ist. Er wird auch Benutzungsfaktor genannt und in Erlang-Einheiten ausgedrückt. Der Däne ERLANG war der Begründer der Warteschlangentheorie.

Monte-Carlo-Methode

Diese Methode dient der Simulation zufallsabhängiger (stochastischer) Prozesse. Die meisten Prozesse laufen mikroskopisch wirklich zufällig, aber makroskopisch nicht mehr zufällig, sondern gesetzmäßig ab.

Unabhängig von der Perspektive und davon, ob nun eine Folge von Ereignissen wirklich zufällig ist oder uns mangels exakteren Wissens nur so erscheint, möchten wir doch Entscheidungen keinesfalls dem Zufall überlassen (s. Einleitung). Es geht ja auch nicht um einen Zufall allein, sondern um zufallsabhängige unüberschaubare Zusammenhänge und schließlich um die Folgen von Eingriffen in diese Zusammenhänge.

Wir können nur entscheiden auf der Grundlage: *Wenn* ich dies tue, *dann* passiert jenes. Die Monte-Carlo-Methode liefert diese Grundlage über Gedankenexperimente (Modelle) und verwendet zur Abbildung der Zufallskomponente Zufallszahlen.

Daher kommt auch der Name der von V. Neumann und Ulamm eingeführten Methode: Die Zufallszahlen stammen aus dem Spielcasino. Außerdem tagte in Monte Carlo der 1. Kongreß, der diese Entscheidungstechnik zum Thema hatte.

Anfänglich diente die Monte-Carlo-Methode in den Bereichen Mathematik, Chemie (Reaktionskinetik, Polymer-Mikromorphologie), Spieltheorie und Militärstrategie.

Inzwischen ist sie auch in das Management größerer Unternehmen eingezogen. Anwendungsbereiche sind z. B.:

- ☐ Minimierung der Kosten für Lagerhaltung/Maximierung der Bestellmenge mit dem Ziel: ungestörte Dauerproduktion,
- ☐ Einsatz von Werbemitteln,
- ☐ personelle Besetzung von Service-Abteilungen (EDV, Telefonzentrale, Hausbank, ...),
- ☐ Unternehmensstrategien.

Der Vorteil der Simulation von Vorgängen (= Probehandeln) ist der, daß die Konsequenzen von Handlungsstrategien zwar erkennbar werden, aber noch nicht wirklich eintreten (= Prognose: wenn ..., dann ...).

Zur Veranschaulichung der Monte-Carlo-Simulation sollen 2 Beispiele (mit freundlicher Genehmigung der Firma VEW) dienen: 1. Die Ermittlung der Zahl Pi und 2. Ermittlung einer Strategie zur Kostenminimierung bei der Gasversorgung.

☐ *Beispiel: Ermittlung der Zahl π*

In einem x,y-Koordinatensystem wird ein Einheitsquadrat eingezeichnet. D. h., alle Seiten haben die Länge 1, und 2 Seiten liegen auf den Achsenabschnitten. Dann wird ein ¼-Einheitskreis um den Achsenursprung geschlagen. Die Fläche dieses Kreissegments beträgt $F_K = (\pi \cdot r^2) : 4$

bzw. mit $r = 1$ $F_K = \pi : 4$.

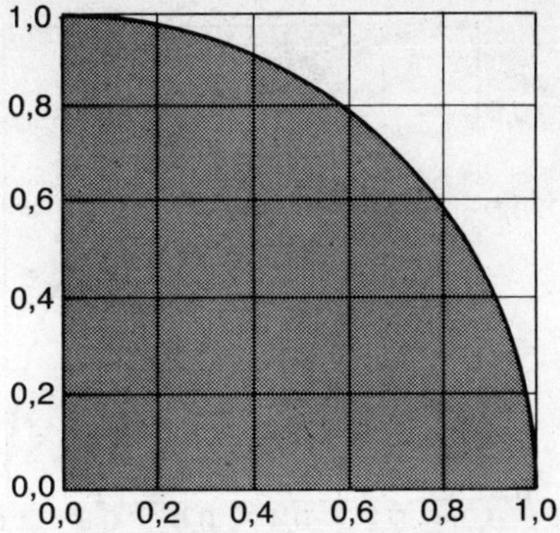

Bild 4.56 Viertel-Ausschnitt aus dem Einheitskreis

Die Fläche F_K verhält sich zur Fläche des Quadrats $F_Q = 1$ wie $F_K : F_Q = (\pi : 4) : 1 = \pi : 4$ (Bild 4.56).

Damit ist eine Beziehung zwischen 2 Flächen und π hergestellt. Wenn die Flächen bestimmt werden können, ist auch π bestimmt. Die Flächen werden durch Belegen mit Punkten bestimmt. Dies geschieht, indem paarweise aus dem Raum 0–1 gleichverteilte Zufallszahlen gezogen werden. Das Verhältnis der Punkte, die im Kreissegment F_K liegen (n'), zu allen Punkten innerhalb des Einheitsquadrats F_Q (n) muß näherungsweise $\pi : 4$ ergeben.

$$F_K : F_Q \approx n' : n \approx \pi : 4.$$

Dann ist

$$\pi \approx 4\,(n' : n).$$

Die Genauigkeit für π wächst mit der Menge der Zufallszahlen, wie aus den Bildern 4.57 und 4.58 bzw. aus Bild 4.59 ersichtlich.

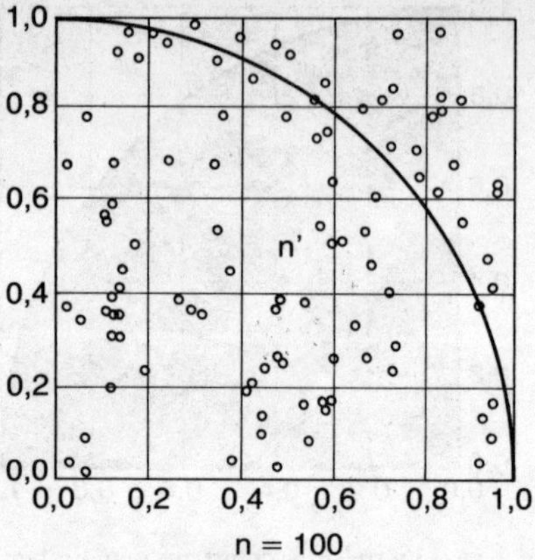

Bild 4.57 100 Zufallsprodukte im Viertel-Einheitskreis

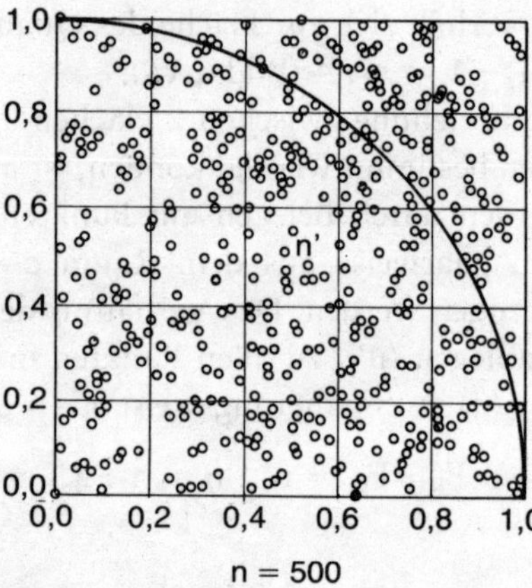

Bild 4.58 500 Zufallspunkte im Viertel-Einheitskreis

n	n'	$\hat{\pi}$ (4×(n':n))	Min $\hat{\pi}$	Max $\hat{\pi}$	s
100	79,4	3,176	2,92	3,40	0,1159
1000	782,9	3,1316	3,048	3,252	0,0189
10000	7857,35	3,14294	3,1172	3,1628	0,0011
50000	39294,55	3,14356	3,12488	3,15648	0,00030

n = Anzahl der Zufallspunkte im Einheitsquadrat
n' = Anzahl der Zufallspunkte im Kreissektor
$\hat{\pi}$ = errechneter π-Wert (aus 20 Werten)
Min $\hat{\pi}$ = niedrigster errechneter π-Wert (aus 20 Werten)
Max $\hat{\pi}$ = höchster errechneter π-Wert (aus 20 Werten)
s = Standardabweichung

Bild 4.59 Ergebnisse von je 20 Simulationsläufen zur Ermittlung der Zahl π

□ *Beispiel VEW: Optimale Strategie zur kostengünstigen Deckung von Gasnachfragespitzen*

Bei der Gasversorgung sind viele Einflußgrößen kompliziert miteinander verflochten; z. B.:

- Spitzendeckungsmittel,
- Bezugsverträge,
- Lieferverträge,
- Gasnetztechnik,
- Verbrauchergruppen,
- Außentemperatur.

Die Außentemperatur, d. h. das Wetter, muß dabei als Zufallsgröße angesehen werden. Diese Einflußgröße wirkt aber besonders stark direkt und sofort. Denn je kälter es ist, um so höher ist der Gasbedarf.

Die Entscheidungssituation ist durch folgende Merkmale gekennzeichnet:

- Der Gasverbrauch schwankt in Abhängigkeit von zufälligen Temperaturverläufen.
- Die Gasabgabe ist vom Wochentag abhängig. Bei gleicher Außentemperatur wird an verschiedenen Wochentagen unterschiedlich viel Gas verbraucht. Abschaltungen der Heizungen an Wochenenden in öffentlichen Gebäuden zum Beispiel führen zu einem erhöhten Gasverbrauch am Wochenanfang.
- Die vertragliche Leistungspreisregelung ist kompliziert. Der Leistungspreis bemißt sich nach dem arithmetischen Mittel der beiden höchsten Tagesleistungen. Diese müssen mindestens 14 Tage auseinander und in verschiedenen Kalendermonaten liegen.

Das Vorhandensein verschiedener Spitzendeckungsmittel, wie unterbrechbare Verträge, Rohrnetzpuffer und Untertagespeicher, macht es erforderlich, Strategien für deren Einsatz zu entwickeln.

Das Ziel ist, Bezug, Transport, Speicherung und Abgabe von Gas so zu optimieren, daß die Bezugskosten und damit der Endverbraucherpreis minimiert werden. Dieses Beispiel ähnelt also dem vorgenannten aus der linearen Programmierung.

In diesem Fall werden aber keine wirklichen Modelle hergestellt, sondern alle denkbaren Temperaturverläufe entsprechend ihrer aus der Vergangenheit bekannten statistischen Wahrscheinlichkeit herangezogen. Die zusätzlich im Modell verwendeten Temperaturverläufe werden mittels Zufallszahlen erzeugt (s. a. folgenden Abschnitt). Außerdem enthält das Modell Steuerungsparameter wie Monatsmitteltemperatur, die maximale Anzahl aufeinanderfolgender Tage mit «gleichem» Wetter sowie einen Streuungs- und einen Dämpffaktor. Streu- und Dämpffaktor bestimmen, wie weit die im Modell erzeugten Tagesmitteltemperaturen um den langjährigen Durchschnitt schwanken. So lassen sich nach ca. 80 Simulationsdurchgängen Temperaturverläufe erzeugen, deren statistische Verteilungsmerkmale den empirisch ermittelten entsprechen. Das Modell ist also wirklichkeitsgetreu und arbeitsfähig. Bild 4.60 zeigt die Häufigkeitsverteilungen der Tagesmitteltemperaturen der Stadt Münster, errechnet aus den vom Wetteramt aufgezeichneten und den vom Modell erzeugten Temperaturverläufen.

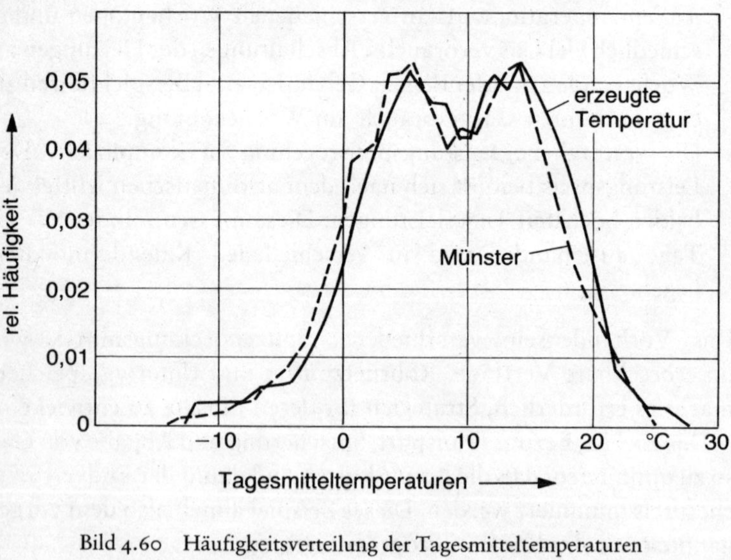

Bild 4.60 Häufigkeitsverteilung der Tagesmitteltemperaturen

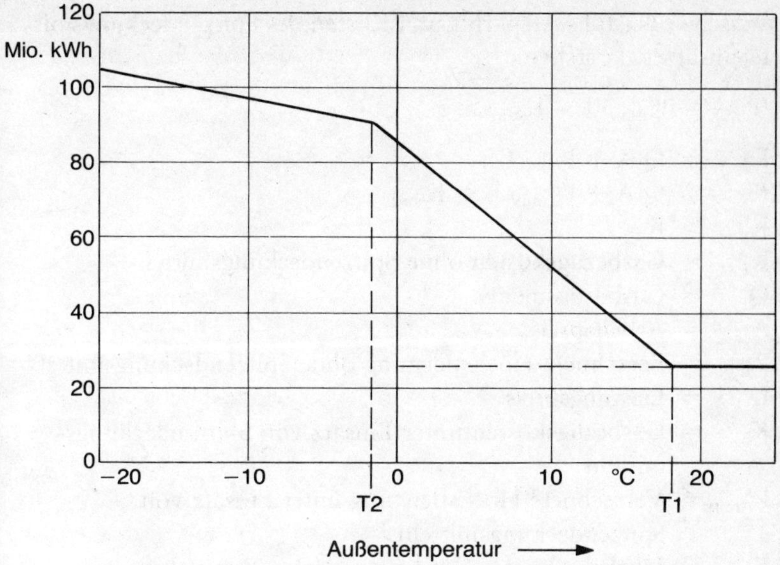

Bild 4.61 Beziehung zwischen Außentemperatur und Gasnachfrage

Nachdem mit diesem Verfahren 365 Tagesmitteltemperaturen für 80 Simulationsläufe erzeugt worden sind, werden die Werte einem Kalendarium zugeordnet. Hierdurch können die leistungspreisfreien Tage – Samstage, Sonn- und Feiertage – Berücksichtigung finden. Aus der Beziehung zwischen Temperatur und Gasabgaben (Bild 4.61) können damit die den Tagesmitteltemperaturen entsprechenden Gasabgabemengen ermittelt werden. Das Modell liefert also 80 verschiedene Gasnachfrageverläufe. Die Wahrscheinlichkeit, daß ein bestimmter Gasnachfrageverlauf auftritt, entspricht damit der Wahrscheinlichkeit für das Auftreten eines bestimmten Temperaturverlaufs.

Nachdem der wahrscheinlich zu erwartende Temperaturverlauf ermittelt ist, kennt man auch die wahrscheinliche Gasnachfrage. Nun ist zu klären, wie die Gasnachfrage gedeckt werden soll. Den verschiedenen Spitzendeckungsmitteln (unterbrechbarer Vertrag, Rohrnetzpuffer, Speicher) werden die Kosten zugeordnet und verglichen. Vereinfacht ließe sich der Vergleich auch als Differenz zwischen Leistungsersparnis und Kosten des Spitzendeckungsmitteleinsatzes darstellen:

$$(P_{max} - P^*_{max})\,L - K_{sdm} > 0$$

$K_1 \;=\; Q\,A + P_{max}\,L$

$K_2 \;=\; Q\,A + P^*_{max}\,L + K_{smd}$

$K_1 \;>\; K_2$

K_1 = Gasbezugskosten ohne Spitzendeckungsmittel

Q = Gasbezugsmenge

A = Arbeitspreis

P_{max} = Berechnete Höchstleistung ohne Spitzendeckungsmittel

L = Leistungspreis

K_2 = Gasbezugskosten unter Einsatz von Spitzendeckungsmitteln

P^*_{max} = Verrechnete Höchstleistung unter Einsatz von Spitzendeckungsmitteln

K_{sdm} = Jährliche Kosten des Spitzendeckungsmitteleinsatzes

Es wird diejenige Strategie gewählt, bei der diese Differenz am größten ist.

Entscheidungsfindung ohne gesicherte Entscheidungsunterlagen nach Richmond [Q6]

Entscheidung «ohne Information»

Hierzu gibt es ein anschauliches Beispiel [Q6]. Nennen wir es «Alex am Rheinfall zu Schaffhausen». Alex ist ein junger Unternehmer, der mit seinem Verkaufswagen während der Touristen-Saison täglich an den Rheinfall fährt, um dort Erfrischungen zu verkaufen. Für ihn gibt es nur 2 Sorten von Wetter: Sonne und warm (B_1) oder wolkig und kalt (B_2). Er muß am Vortag entscheiden, ob er mit seinem Eiswagen (A_1) oder mit dem Kaffeewagen (A_2) fährt. An einem Sonnentag kann er 1 250 Portionen Eis à 16 Pf. zu 40 Pf. verkaufen (Umsatz 500 DM, Profit: 300 DM), an einem wolkigen Tag 2 500 Becher Kaffee à 8 Pf. zu 30 Pf. (Umsatz 750 DM, Profit: 550 DM). Er investiert täglich 200 DM und gewinnt bei richtiger Entscheidung an einem Sonnentag 300 DM, an einem wolkigen Tag 550 DM. Verständlicherweise zieht er wolkige Tage vor. Bei falscher Entscheidung verkauft er gar nichts, verliert also 200 DM, seinen Einsatz.

Seine Profit-Matrix:

		Wetter (B)	
		B_1: sonnig	B_2: bewölkt
Ware (A)	A_1: Eis	300	−200
	A_2: Kaffee	−200	550

Wir nehmen an, Alex weiß nichts über das Wetter – weder aus seiner Erfahrung noch aus dem Wetterbericht. Dann hat er als einzige Information obige Matrix. Er muß also ohne Wissen entscheiden.

Er kann trotzdem Profit machen, wenn er eine gemischte Strategie verfolgt (Bild 4.62) und das Wetter nicht völlig aus dem Rahmen fällt. Er spielt ein Spiel gegen das Wetter und behandelt es wie einen rationalen Gegner, der gewinnt, wenn er verliert.

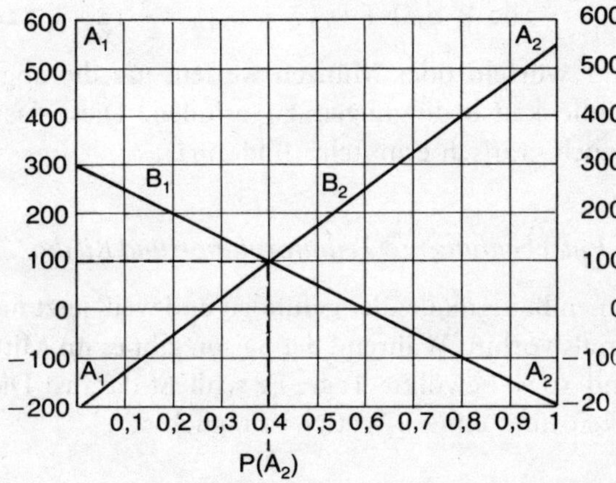

Bild 4.62 Gemischte Strategie zur Erzielung eines konstanten Profits

Seine gemischte Strategie enthält Zufallsentscheidungen, wie z. B. Münzenwerfen. Die anzusetzenden Wahrscheinlichkeiten X_1 und X_2 für A_1 und A_2 ergeben sich aus dem Ziel, bei welchem Wetter auch immer, den gleichen Profit zu erzielen.

Profit bei Wetter $B_1 = 300X_1 + (-200)X_2$
Profit bei Wetter $B_2 = (-200)X_1 + 550X_2$.

Durch Gleichsetzen $B_1 = B_2$ ergibt sich:

$$300X_1 - 200X_2 = -200X_1 + 550X_2$$
$$500X_1 = 750X_2$$
$$X_1 = 1{,}5X_2$$

Da nur zwei Waren verkauft werden, gilt

$X_1 + X_2 = 1$ (Die Summe der Einzelwahrscheinlichkeiten muß 1 ergeben.)

$$1{,}5X_2 + X_2 = 1$$
$$X_2 = 0{,}4;\ X_1 = 0{,}6$$

Das heißt, Alex wird (Eis) $A_1 : A_2$ (Kaffee) wie 0,6 : 0,4 oder wie 3 : 2 einsetzen, wenn sein Gewinn konstant sein soll.

Profit bei B_1 (sonnig) =

$$(300 \times 0{,}6) - (200 \times 0{,}4) = 180 - 80 = \underline{100}$$

Profit bei B_2 (bewölkt) =

$$(-200 \times 0{,}6) + (550 \times 0{,}4) = -120 + 220 = \underline{100}$$

Er muß nur würfeln oder Münzen werfen, um die abgeleiteten Wahrscheinlichkeitsbedingungen zu erfüllen. Diese lassen sich natürlich auch grafisch ermitteln (Bild 4.62).

Entscheidung mit Teilinformation und Risiko

Alex hat einen Bauernkalender gefunden und weiß jetzt mehr über das Wetter als vorhin: Während der Saison gibt es im Mittel 70 % sonnige und 30 % bewölkte Tage. Er schließt daraus: Die Wahrscheinlichkeit für sonniges Wetter ist täglich 0,7.

Seine Profit-Matrix:

	sonnig	bewölkt
	0,7 B_1	0,3 B_2
A_1 Eis	300	−200
A_2 Kaffee	−200	550

Seine Gewinnmöglichkeiten:

Profit mit $A_1 = 300 \times 0{,}7 + (-200) \times 0{,}3 = \underline{150}$
Profit mit $A_2 = (-200) \times 0{,}7 + 500 \times 0{,}3 = \underline{25}$

Er entscheidet sich, nur A_1 (Eis) zu verkaufen, und verdient so besser als bei der gemischten Strategie.

Die Information hatte einen Wert für ihn.

Der Wert der Information

Verfügbarkeit und optimale Nutzung der Information führten zu einer Wertverbesserung der Zielfunktion, wie wir gesehen haben. Beim gegenwärtigen Stand der Meteorologie kann Alex auch keine wesentlich genauere Wettervoraussage erhalten.

Aber angenommen, er wüßte ganz genau, wie das Wetter am nächsten Tag ist, dann wäre sein durchschnittlicher Profit:

Durchschnittlicher Profit
bei perfekter Information $= (300 \times 0{,}7) + (550 \times 0{,}3)$
$= 210 + 165$
$= \underline{375 \text{ DM}}$

(An 70% der Tage gewinnt er 300 DM, an 30% der Tage 550 DM).

Gemessen am Gewinn bei Entscheidung mit Teilinformation (150 DM) wäre also eine genaue Wettervoraussage täglich 225 DM für Alex wert.

Eine perfekte Wetterprognose ist unrealistisch, aber schon die übliche, manchmal falsche Wettervoraussage hat einen höheren Wert als die aus dem Bauernkalender ablesbare.

Zusammengefaßt ergeben sich folgende Gewinne in Abhängigkeit von der Information und ihrer Nutzung:

E = 100 DM	ohne Information
E = 150 DM	mit Bauernkalender (zusätzlicher Informationswert 50 DM)
E = 292,98 DM	mit Wettervorhersage (zusätzlicher Informationswert 142,98 DM)
E = 375 DM	mit perfekter Wettervorausschau (zusätzlicher Informationswert 82,02 DM)

Daraus ergibt sich auch der Wert der Information oder die maximale Summe, die es lohnt, für den Kauf von Zusatzinformation zu bezahlen.

Dies hat große praktische Bedeutung für die Anschaffung von Studien oder die Vergabe von Untersuchungsaufträgen.

Voraussage über den Wert der Information

Wir haben bisher den Wert einzelner Zusatzinformationen nachträglich berechnet. Oft möchte man aber vorher wissen, zu welchem Preis es lohnt, Zusatzinformationen zu besorgen. Das ist schwer.

Zunächst eine qualitative Definition: Wir wollen festlegen, daß eine Information nur dann von Wert ist, wenn sie zu einer Verhaltensänderung führt, d. h. zu einer anderen Entscheidung.

Zurück zu Alex: Er sei im Besitz des Bauernkalenders. Wenn er eine Studie kauft, die zwar einen höheren Gewinn voraussagt, aber noch immer A_1, den Eiswagen, als optimal vorschlägt, so ist diese Studie nichts wert. Sie mag ihn beruhigen, die richtige Entscheidung getroffen zu haben, aber sie ändert sein Verhalten nicht.

Nehmen wir an, ein Supermeteorologe, der nur wahre Prognosen stellt, bietet seine Dienste an. Solange Alex A_1 einsetzt, ist auch eine zu 100 % sichere Voraussage sonnig (B_1) nichts wert. Erhält er aber eine sicherer Voraussage für bewölkt (B_2), so ändert er sein Verhalten, verkauft Kaffee (A_2) und verdient 550 DM an diesem Tag. Ohne diese sichere Prognose hätte er den Eiswagen eingesetzt und 200 DM verloren. Die sichere Voraussage von B_2 für diesen Tag war also 750 DM wert.

Da das Wetter zu 70 % sonnig und zu 30 % bewölkt ist, wird der Supermeteorologe B_1 mit einer Wahrscheinlichkeit von 0,7 und B_2 mit 0,3 voraussagen. Der Wert der perfekten Voraussage ist: E (perfekte Voraussage) = (0) × (0,7) + (750) × (0,3) = 225 DM pro Tag.

Man kann den Wert einer Information im voraus nur dann bestimmen, wenn man das Ergebnis und seine Wahrscheinlichkeit abschätzen kann. Dazu ein weiteres Beispiel:

Alex hat 4 Studienangebote. Er kann im voraus abschätzen, was die Befolgung eines konstanten Einsatzes von A_1 lt. Studie bringt:

Ergebnis lt. Studie I bis IV in DM

	I	II	III	IV
A_1	150	200	120	200
A_2	25	120	140	300

Studie I zeigt, daß Alex mit A_1 richtig liegt. Die Studie ist wertlos für ihn.

Studie II zeigt, daß Alex' Ergebnisse besser als erwartet sein werden. Das freut ihn, aber das bessere Ergebnis ist nicht die Folge der Wetterprognose, sondern des Wetters und wird auch ohne die Studie eintreten. Die Studie ist wertlos für ihn.

Studien III und IV sind jedoch wertvoll für Alex, da er sein Verhalten ändert und statt Eis Kaffee verkaufen wird. Der Wert der Information ist die Differenz der erwarteten Werte für A_1 und A_2, d. h. 20 DM pro Tag für Studie III und 100 DM pro Tag für Studie IV.

Wenn Alex nun den verschiedenen Studienergebnissen Wahrscheinlichkeiten zuordnet, erhält er folgende Matrix:

	Naturzustand			
	B_I	B_{II}	B_{III}	B_{IV}
Informationswert	0	0	20	100
Wahrscheinlichkeit (Subjektiv)	0,4	0,3	0,2	0,1

Die unter Berücksichtigung der Wahrscheinlichkeit zu erzielenden Ergebnisse sind:

$$E(A_1) = (150) \times (0{,}4) + (200) \times (0{,}3) + (120) \times (0{,}2) + (200) \times (0{,}1) = 164 \text{ DM/Tag}$$

$$E(A_2) = (25) \times (0{,}4) + (120) \times (0{,}3) + (140) \times (0{,}2) + (300) \times (0{,}1) = 104 \text{ DM/Tag}$$

Das Ergebnis E der besten Aktion A_k mit Hilfe der Information durch die Studie ist:

$$E(A_k) = (150) \times (0{,}4) + (200) \times (0{,}3) + (140) \times (0{,}2) + (100) \times (0{,}1) = 14 \text{ DM/Tag}$$

Ohne die Studieninformation, aber mit der neuen Information über die 4 Naturzustände bleibt A_1 noch immer die beste Aktion für Alex mit 164 DM/Tag. Mit Hilfe der Studieninformation kann er 178 DM/Tag verdienen. Der erwartete Wert der Studieninformation ist damit 14 DM/Tag, was man auch direkt aus den einzelnen Informationswerten der Studien erhalten kann:

$$(0) \times (0{,}4) + (0) \times (0{,}3) + (20) \times (0{,}2) + (100) \times (0{,}1) = 14 \text{ DM/Tag.}$$

Wenn die Studie also weniger als 14 DM/Tag kostet, sollte sie in Auftrag gegeben werden.

Kostet sie mehr, lohnt sich die Ausgabe nicht, obwohl aus einer Entscheidung unter Risiko eine sichere Entscheidung würde.

Folgerungen für das Management

Entscheidungen sollten so strukturiert werden, daß die Aktion, die zu höheren Werten der Zielfunktion führt, ausgewählt werden kann. Dazu muß man:

- ☐ eine geeignete Zielfunktion definieren,
- ☐ geeignete Aktionen zusammenstellen,
- ☐ subjektive Wahrscheinlichkeiten für die Einflußgrößen festlegen.

Jedes Unternehmen erzeugt Informationen.

Die Informationen verlaufen in Netzwerken, deren Knotenpunkte Entscheidungsstellen sind.

Entscheiden ist die Hauptfunktion der Organisation.

Die Wahrnehmung dieser Funktion erfolgt durch das Informationssystem – als Transportmittel – und Entscheidungstechniken – als Werkzeuge.

Entscheidung als Konfliktlösung nach SCHLICKSUPP [Q4]

Konfliktbereiche

1. Im Persönlichkeitsbereich
   - Interessengegensätze
   - gegensätzliche Wertorientierung, Auffassungen oder Lebensanschauungen
   - unbewältigte Konflikte
2. Im Bereich sozialer Beziehungen
   - Kommunikationsbarrieren
     - technischer Art (Zeit, Raum, Code)
     - psychologischer Art
       - Status
       - Mißtrauen
       - Mißgunst
       - Verfahren
   - Übereinkunft: Unterordnung vieler persönlicher Entscheidungen unter die gemeinsame Entscheidung (z. B. beim Aufstellen eines Budgets)
   - Abhängigkeit
     - materiell, sachlich
     - sozial, hierarchisch
   - Umgang; Kontaktnähe und Kontakthäufigkeit
3. Im Bereich der Organisation
   - Verhaltensvorschriften
   - Komplexität und Differenzierung mit den Folgen
     - wenig Rücksicht auf den einzelnen
     - schwierige Meinungsbildung

   - gering ausgeprägtes Vertrauensklima
   - Mißachtung sozialer Bedürfnisse
   - gegensätzliche, unterschiedliche Interessen
 - Zuständigkeiten und Verantwortungen
4. Wahrnehmungsverzerrungen
 - Doppelte (verschiedene) Maßstäbe («meine Tugend ist deine Untugend»)
 - Spiegelbild-Effekt («die anderen übervorteilen uns – wir aber sind reell»)
 - Projektion («ich unterstelle dir meine Fehler»)
 - Phantom-Effekt (eingebildeter Konflikt)
 - Überschätzung/Unterschätzung (Verzerrung aus momentaner Bedürfnis- oder Stimmungslage
5. Affektive Betroffenheit (Sympathie und Antipathie)

Grundformen der Konfliktaustragung

direkt	. . . .	verschoben
friedlich	. . . .	aggressiv
bewußte Austragung	. . . .	schwelen lassen
offen	. . . .	versteckt
kooperativ	. . . .	antagonistisch
entpersonifiziert	. . . .	personifiziert
eingegrenzt	. . . .	ausgeweitet
Konflikt-Bewältigung	<———————————————>	Konflikt-Intensivierung

Konfliktbewältigung

1. Gewinn-Verlust-Methode
 - Autoritätsausübung
 - Machtanwendung
 - Nichtbeachtung und Indifferenz/Nachgeben
 - Minderheitsentscheidungen (Bündnisse)
 - Mehrheitsentscheidungen

2. Verlust-Verlust-Methode
   - Kompromiß
   - Kompensation, «Bestechung»
   - Drittparteien (Schlichter, Vermittler)
   - Zufallsmechanismus
3. Gewinn-Gewinn-Methode
   - Einigung: integrierte Entscheidungsfindung (Bild 4.63)

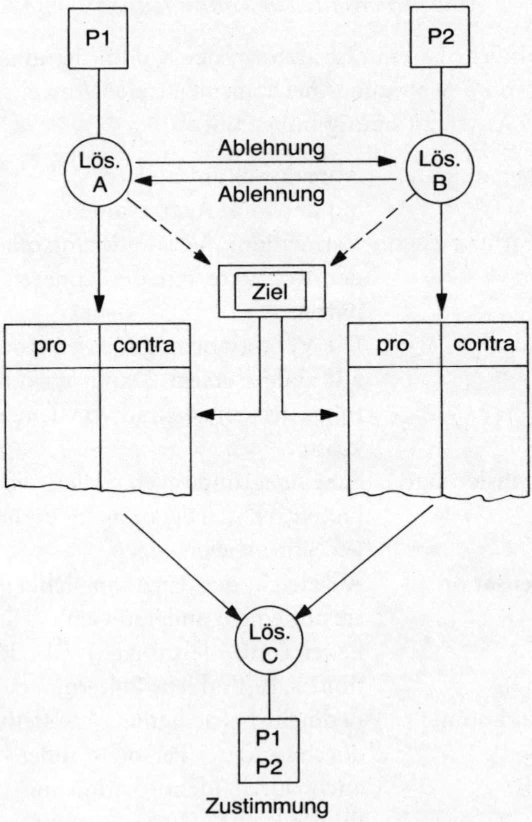

Bild 4.63 Schema integrierter Entscheidungsfindung

Problemlösungsorientiert: Suche nach einer von allen akzeptierten Lösung.
Begünstigt durch:
- ungezwungene Meinungsäußerung,
- gegenseitiges Vertrauen,
- freien Zugang zu erforderlichen Informationen,
- gelöste, freundliche Atmosphäre,
- Anerkennung der Notwendigkeit gemeinsamen Handelns.

Abwehrverhalten in Konfliktsituationen

Konfliktabwehr ist eine Ersatzform der Konflikthandhabung: An die Stelle von Bewältigungsmechanismen treten Abwehrmechanismen. Dies geschieht häufig unbewußt.

1.	Verschiebung:	Abreaktion auf andere; Sündenbock-Aggressionen.
2.	Sich-Zurückziehen:	Vermeidung, Verminderung oder Aufgabe der Kontakte mit der anderen Konfliktpartei.
3.	Projektion:	Die Verantwortung für den Konflikt wird auf andere gelegt. Damit wird ein Mißerfolg oder eine Schuld vor dem Selbst entkräftet.
4.	Rationalisierung:	Scheinbegründungen sollen eigenes Verhalten rechtfertigen, auch Verharmlosungen und Abwertungen.
5.	Kompensation:	Ausgleich der Unzulänglichkeiten/Verluste auf einem anderen Gebiet (Ersatztätigkeiten und -leistungen) Überkompensation: z. B. Prahlen, Poltern.
6.	Identifikation:	Bedürfnisbefriedigung stellvertretend durch andere Personen oder Gruppen, auch durch Identifikation mit dem Konflikt-Sieger.

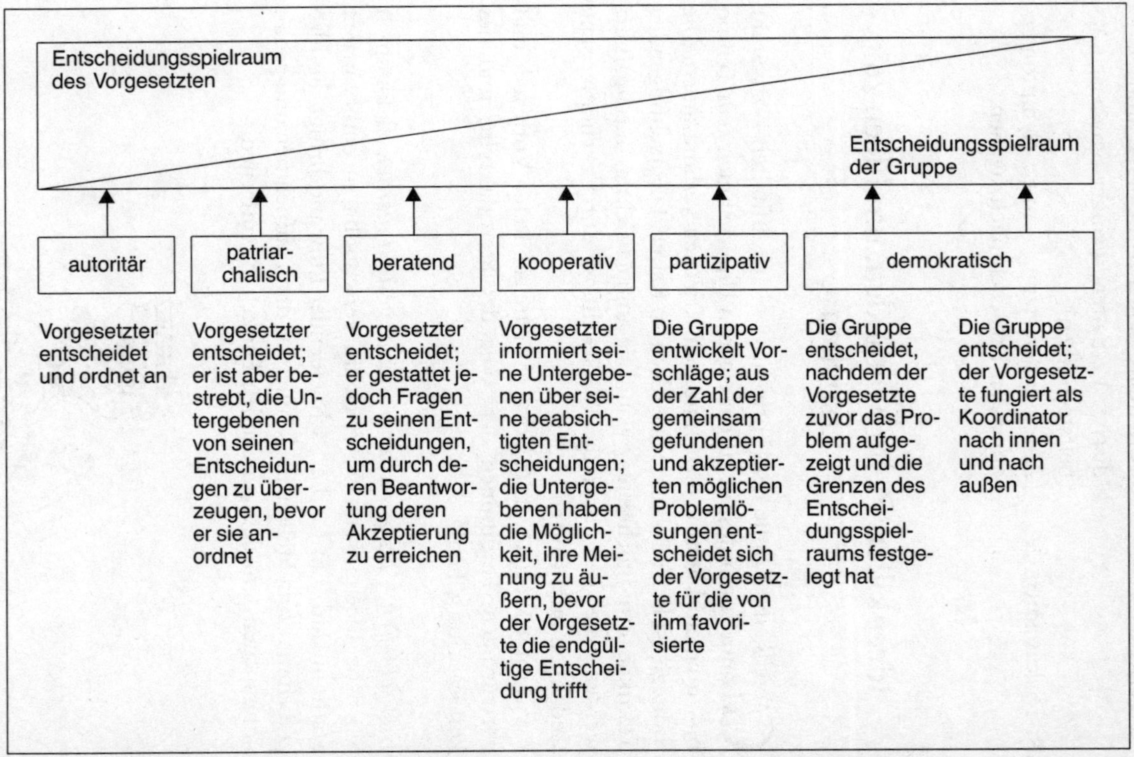

Bild 4.64 Entscheidungsspielräume des Vorgesetzten bzw. der Gruppe in Abhängigkeit vom Führungsstil [Q27]

7. Regressives Verhalten: Zurückgehend auf frühere, einfachere Verhaltensebenen (Unbeherrschtheit, kindisches Verhalten, weniger schwierige Arbeitstechniken).

8. Diskussion: Auseinandersetzung mit Symptomen, ohne den Ursachen nachzugehen.

Ideenkiller: Zehn Methoden, um Ideen zu ersticken

Gewiß, ihr könnt den Fortschritt nicht aufhalten – aber ihr könnt zumindest in eurem eigenen Unternehmen sein Tempo bis zu einem kaum wahrnehmbaren Kriechen verlangsamen. Die Strategie ist klar: Erstickt neue Ideen im Keime. Die nachfolgenden Taktiken ermöglichen es, wenn sie unnachsichtig durchgeführt werden, die heimtückische Verseuchung durch schöpferische Gedanken auszurotten.

Führungskräfte, werdet aktiv, ehe eure gehüteten Vorurteile und ehrwürdigen Traditionen den Weg des Pterodaktylus und des Dinosaurius gehen!

Erst schießen – Fragen können später gestellt werden. Bekämpfen Sie neue Ideen, wenn sie noch im verwundbaren embryonalen Stadium sind. Ein rascher, schneidender Einwand bringt die Idee erst einmal zum Stehen. Sie können sie dann aufnehmen und genau untersuchen, um den zündenden Funken zu entfernen.

Setzen Sie unmögliche Ziele. Ein Plan, um die Bürokosten um 3 % zu senken? Zu geringfügig, um auch nur darüber zu sprechen. Der einzige Plan, über den Sie mit sich reden lassen, ist einer, der alle Kosten um mindestens 30 % senkt und für die nächsten 25 Jahre höhere Dividende garantiert.

Halten Sie die Mitarbeiter in ihren Schranken. Sorgen Sie dafür, daß jeder seine Aufgabe hat und sich dabei schwer anstrengen muß. Halten sie die Mitarbeiter in hermetisch abgeschlossenen Abteilungen, und ihre Ideen werden – soweit noch welche vorhanden sind – an Luftmangel sterben.

Weisen Sie auf mikroskopische Fehler hin. Die neue Patentverpakkung könnte dem Unternehmen 5 Mio. Dollar einbringen? Möglich – aber vergessen Sie nicht darauf hinzuweisen, daß das Patent in 17 Jahren abläuft. Wenn Sie genug Schwierigkeiten auffinden, wird das Projekt vielleicht vertagt.

Folgen Sie nur ausgetretenen Pfaden. Ist die vorgeschlagene Methode in Ihrem Industriezweig schon angewendet worden? Wenn nicht, kann sie nichts taugen. Bleiben Sie lieber bei den bewährten Methoden: Folgen Sie der Führung Ihrer Kollegen (auch wenn diese geraden Weges ins Verderben gehen).

Dulden Sie keine Kritik. Es ist glatter Hochverrat, auch nur eine einzige unbedeutende Vorschrift in Frage zu stellen, die einmal von den Gründern des Unternehmens eingeführt wurde. (Wenn die Gründer noch lebten, würden sie zwar Veränderungen einführen – aber das ist natürlich etwas anderes.)

Treffen Sie alle Entscheidungen allein – niemand außer Ihnen versteht etwas davon. Sie können jedoch zum Schein für Ihre

Mitarbeiter eine demokratische Diskussion veranstalten. Nach ein paar Sitzungen werden sie begriffen haben, worum es geht, und Sie können sich darauf verlassen, daß keiner von ihnen mehr eine einzige unerwünschte oder unerwartete Idee äußern wird.

Nehmen Sie alle Anerkennung für sich in Anspruch. Trotz Ihrer ernsthaftesten Bemühungen kann es doch vorkommen, daß besonders dickfellige Mitarbeiter weiterhin mit neuen Ideen kommen. In solchen Ausnahmefällen ist am besten, zuzustimmen, die Ideen aber als Ihre eigenen auszugeben. Es ist höchst wahrscheinlich, daß Sie dann – zumindest von diesen Mitarbeitern – nicht mehr belästigt werden.

Schützen Sie Ihre Stellung. Sprechen Sie nicht über Ihre Arbeit; dulden Sie keine Fragen; vor allem lassen Sie niemanden etwas über Ihre Probleme wissen. Es mag sein, daß andere Ihnen helfen könnten, aber können Sie ihnen trauen? Nein, es ist weit besser, allein zu kämpfen.

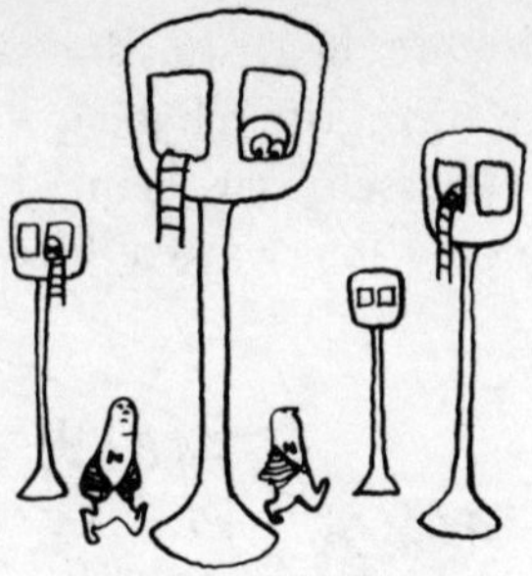

Stellen Sie einen Fachmann an, der für Sie denkt. Man kann niemandem ein Problem anvertrauen, der diesen Gegenstand nicht sein Leben lang studiert hat und genau weiß, was man *nicht* tun darf. Und was könnten Ihre anderen Mitarbeiter dazu schon beitragen – außer gesundem Menschenverstand, Einsicht und Erfahrung? Ein weiterer Vorteil, einen Mann für alle Denkarbeit zu haben, liegt darin, daß Sie ihn leicht hinauswerfen können, wenn er zu originell wird.

Quellenverzeichnis

1. H. M. Wagner: *The ABS's of OR*. Operations Research 19/1971, S. 1259.
2. R. J. Klumpp: *Is decision making a problem for you?* Chem. Engg. 6/1984, S. 111–114.
3. V. Bugdahl et al.: *Kostenminimierung in der Pappenindustrie durch lineare Programmierung.* Das Papier, 10/1973, S. 422–426.
4. H. Schlicksupp: *Die Bewertung von Ideen.* Seminar 9.–10. 6. 1980, Hanau.
5. J. Hauschildt: *Rat der dritten Art.* Manager Magazin, H4 (1984), S. 158–162.
6. S. B. Richmond: *Operations Research for Management Decisions.* The Ronald Press Co., New York, 1968.
7. W. J. Reader: *Management Techniques.* Unilever Educational Booklet No. 3, London 1972.
8. R. I. Reul: *Selection and Monitoring of Research und Development Programmes.* Industrial and Commercial Techniques Ltd., London 1969, und Kommentar von Dr. Rust, Unilever Forschung Hamburg, 1972.
9. N. N.: *Wertanalyse: ein Mittel zur Verbesserung der Ergebnissituation.* Blätter für Vorgesetzte, 9/1981, S. 1–5.
10. Dietmar Gottschall: *Wertanalyse.* Manager Magazin 10/1983, S. 130–137.
11. W. Borkel: *Marketing Praxis.* Seminar 1. 11. 1978, Bad Salzschlirf.
12. Mark E. Stern: *Marketing Planung.* Berlin Verlag, 1969.
13. N. N.: *Wertanalyse, Phönix aus der Asche.* Wirtschaftswoche vom 14. 11. 86, S. 77–82.
14. H.-E. Scholz: *Problemlösungs- und Entscheidungsmethoden.* Seminar Mönchberg, 25. 11. 1985.
15. D. M. Woodruff/ F. M. Phillips: *The Pareto chart ..., Tool for problem solving.* Chem.-Engg., 14. 4. 1986, S. 111–114.
16. D. Harting: *Die optimale Bestandsgröße ermitteln.* Blick durch die Wirtschaft, 20. 11. 1987, S. 7.
17. R. Franke: *Die Wertanalyse ist mehr als eine Kostensenkung.* Blick durch die Wirtschaft, 12. 4. 1988, S. 7.
18. V. Bugdahl: *Wertanalyse: Aus Schwächen werden Erfolge.* Chemische Industrie, H10 (1988), S. 118–120.
19. V. Bugdahl: *Einige Methoden der Entscheidungsfindung.* Labor 2000, H1 (1988), S. 40–49.
20. R. Franke: *Der kritische Weg soll möglichst kurz sein.* Blick durch die Wirtschaft, 19. 4. 1988, S. 7.
21. W. Aldinger: *Herstellung von Polyurethanacryllacken.* Vortrag, Hanau 1982.

22. H. MAY: S.E.H-Training. *Wege für effektives Selbstmanagement.* Anzeige FAZ, 22. 9. 1988.
23. HUBERT SUTER: *Wie Innovation zustande kommt.* Seewald Verlag Stuttgart 1983.
24. N. N.: *Ifo-Schnelldienst,* H. 12–13/1989, S. 10.
25. N. N.: *Entscheidungsfindung – Genfer Kartenspiele.* Wirtschaftswoche v. 7. 11. 1986, S. 91–94.
26. HANS H. HINTERHUBER: *Strategische Unternehmungsführung.* De Gruyter, Berlin, 2. Auflage 1980, S. 48 und 123.
27. REIMUND FRANKE/MICHAEL ZERRES: *Planungstechniken.* FAZ-Verlag, 1. Auflage 1988, S. 94.
28. H. GÜNTHER: *VEW-Gasversorgung. Mit der Monte-Carlo-Methode den Zufall fest im Griff.* VEW & Wirtschaft, S. 16–30, Sept. 1988.
29. GERD ZIMMERMANN: *Die tägliche Weggabelung.* Finanz und Wirtschaft, 26. 4. 1989, S. 26.
30. HANS MORAWA: *Mit «Quickstorming» Ideen finden + Probleme lösen.* Marketing Journal 3/88, S. 224–225, und Wirtschaftswoche-Karriere vom 22. 4. 1988, S. 1.
31. H. SCHLICKSUPP/R. FAHLE: *MORPHOS. Methoden systematischer Problemlösung – ein Software-Programm.* Vogel-Buchverlag, Würzburg.
32. CARLO M. CIPOLLA: *Allegro ma non troppo.* Il Mulino, Bologna 1988, und gdi Impuls 1/89, S. 40–47.
33. L. DE CRESCENZO: *Also sprach Bellavista.* Diogenes Verlag, Zürich, 1986.
34. N. N.: *Innovation.* Blätter für Vorgesetzte, H. 12/1975, S. 6.
35. GAETANO KANIZSA: *Subjective Contours.* Scientific American, April 1976.

Stichwortverzeichnis

MORPHOS

Methoden systematischer Problemlösung

– Ein Software-Programm –

Von Dr. H. Schlicksupp und R. Fahle

Daß Computer die tägliche Problemlösungsarbeit zunehmend prägen und als Leistungsmittel vielfach unentbehrlich geworden sind, ist heute Tatbestand in jedem Unternehmen.

So ist es nur allzu verständlich, daß in den Seminaren über Methoden zur Ideenfindung (die der Autor dieses Buches in allen Branchen durchführt) zunehmend häufiger von Teilnehmern der Wunsch geäußert wurde, speziell über die morphologischen Problemlösungsmethoden in der Form von PC-Software verfügen zu können.

Als Ergebnis einer kooperativen Entwicklung zwischen H. Schlicksupp (Methodik) und R. Fahle (Umsetzung der Methodik in das Software-Programm) liegt jetzt MORPHOS vor. Sein Leistungsinhalt umfaßt die Problemlösungsmethoden

Morphologischer Kasten

*

Konflikt-Morphologie

(die in diesem Band «Ideenfindung» nicht behandelt wird) und

*

Morphologische Matrix.

Ferner bietet das Programm ein großzügiges Speichervolumen an, in dem zahlreiche fertige Arbeitsergebnisse der Anwendung der Methoden abgelegt werden können und in dem sich ein umfangreicher Fundus an Expertenwissen aufbauen läßt, das dem Problemlöser bei seiner Arbeit am Bildschirm zur Verfügung steht.

MORPHOS

MORPHOS

MORPHOS besteht aus

dem **Methodenhandbuch**, das sehr detailliert in die Anwendung der morphologischen Problemlösungsmethoden einweist, auf alle Fragen der Methodenpraxis Antwort gibt und die Vorgehensweisen an mehr als zwei Dutzend Beispielen veranschaulicht;

*

dem **Bedienerhandbuch**, das einfach und verständlich durch das Software-Programm führt und dem Benutzer dessen vielseitigen Gebrauch am Bildschirm erschließt;

*

der **Programm-Diskette.**

Methoden- und Bedienerhandbuch sind in einem Band zusammengefaßt und mit der Diskette in einem Schuber untergebracht.

Das Programmpaket MORPHOS verkörpert kreative Problemlösungsfähigkeit mit System. Es unterstützt die erfolgreiche Bewältigung von Innovationsprozessen in Unternehmen aller Größen und Branchen.

MORPHOS wird vom Vogel Buchverlag Würzburg verlegt und direkt vertrieben.